RECUEIL DES GRIEFS

DE LA

MINORITÉ HONGROISE DE [illegible]

DÉRIVANT DE LA VIOLATION DU TR[illegible]NCLU A PARIS LE 9 DÉC. 1919 ENTRE LES PRINCIPALES PUISSANCES ALLIÉES ET ASSOCIÉES ET LA ROUMANIE AU SUJET DE LA PROTECTION DES MINORITÉS

I.

(1919—1922)

PUBLIÉ

PAR L'ASSOCIATION HONGROISE-SICULE POUR LA SOCIÉTÉ DES NATIONS

1922

RECUEIL DES GRIEFS
DE LA
MINORITÉ HONGROISE DE ROUMANIE

DÉRIVANT DE LA VIOLATION DU TRAITÉ CONCLU
A PARIS LE 9 DÉC. 1919 ENTRE LES PRINCIPALES
PUISSANCES ALLIÉES ET ASSOCIÉES ET LA ROUMANIE
AU SUJET DE LA PROTECTION DES MINORITÉS

I.

(1919—1922)

PUBLIÉ
PAR L'ASSOCIATION HONGROISE-SICULE POUR LA SOCIÉTÉ DES NATIONS
1922.

IMPRIMERIE VICTOR HORNYÁNSZKY, BUDAPEST.

PRÉFACE.

En fixant les frontières actuelles de la Roumanie, les Principales Puissances Alliées et Associées (les États-Unis de l'Amérique du Nord, l'Angleterre, la France, l'Italie et le Japon) conclurent à Paris, le 9 décembre 1919, avec la Roumanie un traité spécial (reproduit textuellement ci-après), pour la protection des droits ethniques, de religion et de langue des minorités nationales (1.867,454 Hongrois, 1,015,801 Russes et Ukraniens, 833,151 Allemands, 582,700 Juifs, 554,000 Turcs et Tartares, 321,600 Bulgares et 61,369 Serbes), passées sous le régime roumain.

L'article 12 de ce Traité stipule que, pour autant que les dispositions du Traité concernent des personnes appartenant à des minorités ethniques, de religion ou de langue, la Roumanie admet que ces dispositions soient considérées comme *obligations de caractère international* et soient placées, en cette qualité, sous la garantie de la *Société des Nations*.

La valeur représentée par ce Traité international et la garantie de la Société des Nations a été, pendant le premier demi-lustre, éprouvée et même soufferte par toute la race hongroise, surtout par les quelques centaines de milliers de Hongrois de Transylvanie, qui, après avoir été bâtonnés, torturés, exploités et humiliés, ont été chassés, expatriés et bannis par le nouveau régime roumain. Les Hongrois qui, au nombre de près de deux millions, sont restés sous le régime roumain et se trouvent contraints, dans une angoisse continuelle au sujet de leur dignité individuelle et de leurs biens, de subir avec résignation, pour avoir la vie sauve, la violation de leurs droits les plus élémentaires, sentent les inhumains effets de la haine, de l'avidité, de la cruauté et de la démence au pouvoir. Actuellement, la nation hongroise ne peut pas même prétendre, *justement à cause de l'application des termes faussement interprétés* du traité international conclu *pour la protection (!)* d'une très importante partie de lui-même désannexée par ordre, à faire entendre ses plaintes devant les Puissances qui ont conclu et signé ce traité.

Ces données ne comportent qu'une faible partie du calvaire des deux millions environ de Hongrois qui, par le traité de paix de Trianon, sont devenus minorité nationale de Roumanie. Nous en avons aussi fait parvenir le texte français au Conseil de la Société des Nations, en priant ce haut Conseil de se convaincre, en raison de son droit stipulé dans le traité, de la véracité de ces données et de faire, — au nom de l'amour de l'humanité, — les démarches nécessaires pour que la Roumanie soit contrainte par les Grandes Puissances signataires du traité à exécuter loyalement le traité qu'elle a accepté et signé.

Les données ici énumérées sont en partie le fruit d'expériences faites sur place par une Commission ecclésiastique Unitaire Américaine venue en Roumanie et par la Commission déléguée en Roumanie de l'Alliance Universelle Presbytérienne Calviniste, qui, dans son rapport de 1921, déclara ouvertement et porta à la connaissance aussi bien du gouvernement roumain que du Conseil de la Société des Nations ce qui suit:

„Si, à la lumière de nos expériences et de nos études, nous regardons les stipulations et promesses du Traité, nous n'en trouvons guère qui aient été respectées . . . Nous voudrions de nouveau beaucoup les convaincre (la Roumanie et les Puissances) *de la nécessité absolue de l'intervention étrangère. Si elle ne vient pas de Bukarest, — il faut qu'elle vienne de Genève"*.

La nation hongroise a été vaincue dans la guerre et on lui en a fait et on lui en fait tous les jours durement subir les conséquences . . . Nous le comprenons, mais ce que nous ne pouvons comprendre, c'est pourquoi les Puissances victorieuses, à l'encontre du traité de paix spécialement accepté et signé, refusent à nos frères les droits naturels les plus primitifs eux-mêmes et, par des moyens de terreur, les empêchent de les exercer.

Jusqu'ici, la Roumanie ne nous a fait sentir par son régime que le seul droit que nous ayons est qu'elle tolère, *uniquement par grâce spéciale*, que nous ayons provisoirement la vie sauve. Néanmoins, même au milieu de nos épreuves et aujourd'hui encore, nous gardons dans nos coeurs l'espoir que ce qui, entre les Principales Puissances Alliées et Associées d'une part et la Roumanie d'autre part, a été, „de leur propre volonté en gage de garanties définies de liberté et de justice", conclu réciproquement en traité ayant force internationale, sera, sous la contrainte de la force de la justice, pourtant exécuté.

Bien qu'individuellement notre corps saigne encore des bastonnades infligées par des mains étrangères à la miséricorde, bien que nous ayons été de force proscrits de la terre de nos aïeux et que, au mépris de la sainteté de la propriété, nous ayons été spoliés des éléments de notre existence matérielle,

nous avons foi dans la sainteté de la parole donnée, dans le respect des promesses solennellement faites et dans la force coërcitive des traités internationaux, car les sentiments de justice et d'humanité ont droit à la victoire.

Budapest, le 31 juin 1922.

Association Hongroise-Sicule pour la Société des Nations.

Traité entre les Principales Puissances Alliées et Associées et la Roumanie, signé à Paris le 8 décembre 1919.

Dans ce traité il est dit tout d'abord que:

Considérant que le larges accroissements territoriaux sont obtenus par le royaume de Roumanie;

Considérant que la Roumanie a, de sa propre volonté, le désir de donner de sûres garanties de liberté et de justice aussi bien à tous les habitants de l'ancien royaume de Roumanie qu'à ceux des territoires nouvellement transférés, et à quelque race, langue ou religion qu'ils appartiennent:

Se sont, après examen en commun, mis d'accord pour conclure le présent traité et ont, à cet effet, désigné pour leurs Plénipotentiaires, savoir:

Le président des États-Unis d'Amérique: L'Honorable Frank Lyon *Polk;* l'Honorable Henry *White;* le général Tasker H. *Bliss;*

Sa majesté le roi du Royaume-Uni de Grande-Bretagne et d'Irlande: Sir Eyre *Crowe;*

et:

pour le *dominion* du *Canada:* L'Honorable Sir George Halsey *Perley;*

pour le *commonwealth d'Australie:* Le Très Honorable Andrew *Fischer;*

pour le *dominion* de la *Nouvelle-Zélande:* L'Honorable Sir Thomas *Mackenzie;*

pour *l'Union Sud-Africaine:* M. Reginald Andrew *Blankenberg;*

pour *l'Inde:* Sir Eyre *Crowe;*

Le président de la république Française: M. Georges *Clémenceau;* M. Stephen *Pichon;* M. Louis-Lucien *Klotz;* M. André *Tardieu;* M. Jules *Cambon;*

Sa majesté le roi d'Italie: M. Giacomo de *Martino;*

Sa majesté l'empereur du Japon: M. K. *Matsui;*

Sa majesté le roi de Roumanie: Le Général Constantin *Coanda;*

Lesquels ont convenu des stipulations suivantes;

CHAPITRE I.

Article Premier. La Roumanie s'engage à ce que les stipulations contenues dans les articles 2 à 8 du présent chapitre soient reconnues comme lois fondamentales, à ce qu'aucune loi, aucun règlement ni aucune action officielle ne soient en contradiction ou en opposition avec ces stipulations et à ce qu'aucune loi, aucun règlement ni aucune action officielle ne prévalent contre elles

Article 2. Le Gouvernement roumain s'engage à accorder à tous les habitants pleine et entière protection de leur vie et de leur liberté sans distinction de naissance, de nationalité, de langage, de race ou de religion.

Tous les habitants de la Roumanie auront droit au libre exercice, tant public que privé, de toute foi, religion ou croyance, dont la pratique ne sera pas incompatible avec l'ordre public et les bonnes moeurs.

Article 3. Sous réserve des Traités ci-dessous mentionnés, la Roumanie reconnaît comme ressortissants roumains, de plein droit et sans aucune formalité, toute personne domiciliée, à la date de la mise en vigueur du présent Traité, sur tout territoire faisant partie de la Roumanie, y compris les territoires à elle transférés par les Traités de paix avec l'Autriche et avec la Hongrie, ou les territoires qui pourront lui être ultérieurement transférés, à moins qu'à cette date ladite personne puisse se prévaloir d'une nationalité autre que la nationalité autrichienne ou hongroise.

Toutefois, les ressortissants autrichiens ou hongrois, âgés de plus de dix-huit ans, auront la faculté, dans les conditions prevues par lesdits Traités, d'opter pour toute autre nationalité qui leur serait ouverte. L'option du mari entraînera celle de la femme et l'option des parents entraînera celle de leurs enfants âgés de moins de dix-huit ans.

Les personnes ayant exercé le droit d'option ci-dessus devront, dans les douze mois qui suivront, transporter leur domicile dans l'État en faveur duquel elles auront opté. Elles seront libres de conserver les biens immobiliers qu'elles possèdent sur le territoire roumain. Elles pourront emporter leurs biens meubles de toute nature. Il ne leur sera imposé de ce chef aucun droit de sortie.

Article 4. La Roumanie reconnaît comme ressortissants roumains, de plein droit et sans aucune formalité, les personnes de nationalité autrichienne ou hongroise qui sont nées sur les territoires qui sont transférés à la Roumanie par les Traités de paix avec l'Autriche et la Hongrie, ou qui pourront lui être ultérieurement transférés, de parents y étant domiciliés, encore qu'à la date de la mise en vigueur du présent Traité elles n'y soient pas elles-mêmes domiciliées.

Toutefois, dans les deux ans qui suivront la mise en vigueur du présent Traité, ces personnes pourront déclarer devant les autorités roumaines compétentes dans le pays de leur résidence, qu'elles renoncent à la nationalité roumaine et elles cesseront alors d'être considérées comme ressortissants roumains. A cet égard, la déclaration du mari sera réputée valoir pour la femme et celle des parents sera réputée valoir pour les enfants âgés de moins de dix-huit ans.

Article 5. La Roumanie s'engage à n'apporter aucune entrave à l'exercice du droit d'option, prévu par les Traités conclus ou à conclure par les Puissances alliées et associées avec l'Autriche ou avec la Hongrie et permettant aux intéressés d'acquérir ou non la nationalité roumaine.

Article 6. La nationalité roumaine sera acquise de plein droit, par le seul fait de la naissance sur le territoire roumain, à toute personne ne pouvant se prévaloir d'une autre nationalité de naissance.

Article 7. La Roumanie s'engage à reconnaître comme ressortissants roumains, de plein droit et sans aucune formalité, les juifs habitant tous les territoires de la Roumaine et ne pouvant se prévaloir d'aucune autre nationalité.

Article 8. Tous les ressortissants roumains seront égaux devant la loi et jouiront des mêmes droits civils et politiques sans distinction de race, de langage ou de religion.

La différence de religion, de croyance ou de confession ne devra nuire à aucun ressortissant roumain en ce qui concerne la jouissance des droits civils et politiques, notamment pour l'admission aux emplois publics, fonctions et honneurs ou l'exercice des différentes professions et industries.

Il ne sera édicté aucune restriction contre le libre usage par tout ressortissant roumain d'une langue quelconque soit dans relations privées ou de commerce, soit en matière de religion, de presse, ou de publications de toute nature, soit dans les réunions publiques.

Nonobstant l'établissement par le Gouvernement roumain d'une langue officielle, des facilités raisonnables seront données aux ressortissants roumains de langue autre que le roumain pour l'usage de leur langue soit par écrit devant les tribunaux.

Article 9. Les ressortissants roumains appartenant à des minorités ethniques, de religion ou de langue, jouiront du même traitement et des mêmes garanties en droit et en fait que les autres ressortissants roumains. Ils auront notamment un droit égal à créer, diriger et contrôler à leurs frais des institutions charitables, religieuses ou sociales, des écoles et autres établissements d'éducation, avec le droit d'y faire librement usage de leur propre langue et d'y exercer librement leur religion.

Article 10. En matière d'enseignement public, le Gouvernement roumain accordera dans les villes et districts où réside une proportion considérable de ressortissants roumains de langue autre que la langue roumaine, des facilités appropriées pour assurer que, dans les écoles primaires, l'instruction sera donnée, dans leur propre langue, aux enfants de ces ressortissants roumains. Cette stipulation n'empêchera pas le Gouvernement roumain de rendre obligatoire l'enseignement de la langue roumaine dans lesdites écoles.

Dans les villes et districts, où réside une proportion considérable de ressortissants roumains appartenant à des minorités ethniques, de religion ou de langue, ces minorités se verront assurer une part équitable dans le bénéfice et l'affectation des sommes qui pourraient être attribuées sur les fonds publics par le budget de l'État, les budgets municipaux ou autres, dans un but d'éducation, de religion ou de charité.

Article 11. La Roumanie agrée d'accorder, sous le contrôle de l'État roumain, aux communautés des Szecklers et des Saxons, en Transylvanie, l'autonomie locale, en ce qui concerne les questions religieuses et scolaires.

Article 12. La Roumanie agrée que, dans la mesure où les stipulations des articles précédents affectent des personnes appartenant à des minorités de race, de religion ou de langue, ces stipulations constituent des obligations d'intérêt international et seront placées sous la garantie de la Société des Nations. Elles ne pourront être modifiées sans l'assentiment de la majorité du Conseil de la Société des Nations. Les États-Unis d'Amérique, l'Empire britannique, la France, l'Italie et le Japon s'engagent à ne pas refuser leur assentiment à toute modification desdits articles qui serait consentie en due forme par une majorité du Conseil de la Société des Nations.

La Roumanie agrée que tout Membre du Conseil de la Société des Nations aura le droit de signaler à l'attention du Conseil toute infraction ou danger d'infraction à l'une quelconque de ces obligations, et que le Conseil pourra procéder de telle façon et donner telles instructions qui paraîtront appropriées et efficaces dans la circonstance.

La Roumanie agrée, en outre, qu'en cas de divergences d'opinion, sur des questions de droit ou de fait concernant ces articles entre le Gouvernement roumain et l'une quelconque des Principales Puissances alliées et associées ou toute autre Puissance, Membre du Conseil de la Société des Nations, cette divergence sera considérée comme un différend ayant un caractère international selon les termes de l'article 14 du Pacte de la Société des Nations. La Roumanie agrée que tout différend de ce genre sera, si l'autre partie le demande, déféré à la Cour permanente de justice internationale. La décision de la Cour permanente sera sans appel et aura la même force et valeur qu'une décision rendue en vertu de l'article 14 du Pacte.

Droits d'égalité et de minorité assurés, le 1er déc. 1918, par les décisions de l'Assemblée Nationale Roumaine de Gyulafehérvár.

S'appuyant sur les principes de Wilson proclamant le droit des peuples de disposer de leur sort et sur l'armée roumaine commençant déjà l'occupation de la Transylvanie, 1222 représentants de la population roumaine de Transylvanie s'assemblèrent, le 1er déc. 1918, à Gyulafehérvár en Assemblée Nationale, dans laquelle, à l'unanimité, l'annexion au Royaume de Roumanie des territoires de Transylvanie et de Hongrie habités par des Roumains fut déclarée sur la base des décisions suivantes:

L'Assemblée Nationale assure aux habitants de ces territoires l'autonomie provisoire, tant que n'en décide pas autrement l'Assemblée Constituante à élire sur la base du suffrage universel.

Relativement aux principes fondamentaux de l'État Roumain à former nouvellement, l'Assemblée Nationale prend les décisions suivantes:

1. Liberté nationale complète pour toutes les nations habitant le pays.

Chaque Nation se gouverne dans sa propre langue avec son propre service administratif et judiciaire, dont elle choisit elle-même ses fonctionnaires parmi ses propres enfants.

Chaque nation prend part, à proportion de son chiffre numérique, dans la législative et dans le gouvernement du pays.

2. Tous les cultes sont égaux et ont droit à l'autonomie.

3. Sur tous les terrains de la vie publique doit être établi le gouvernement démocratique, avec suffrage égal, universel, secret, par commune et proportionnel, qui s'étend, depuis l'âge de 21 ans, aux femmes également.

4. Pleine et entière liberté de presse, de réunion et d'association.

5. Réforme agraire radicale, dressant la liste des propriétés, surtout des grands domaines, supprimant les fidéi-commis, réduisant les grands domaines et rendant possible aux cultivateurs de se créer, sur les terres passées en leur possession, une propriété de grandeur à pouvoir être cultivée par les membres de leur famille.

6. Assurance aux ouvriers industriels de droits identiques à ceux qui, dans les États industriels plus avancés de l'Occident, sont assurés par la loi.

Déclarations d'hommes politiques roumains sur la nécessité de roumaniser de force et d'éliminer les Hongrois.

Nous reproduisons ci-bas quelques déclarations de personnalités roumaines sur la roumanisation:

Jules *Maniu*, président du Consiliul Dirigent, dit, le 6 janvier 1919, à Nagyszeben: Alba Julia, Clusium étaient devenues des villes à majorité hongroise, mais de nouveau seront roumaines Gyulafehérvár et Kolozsvár.

Le général *Neculcea*, occupant de Kolozsvár, dit ceci: Maintenant se termine la lutte millénaire entre les „Romains" et les nomades orientaux. Retournez à la puszta! Quittez nos montagnes ancestrales, nos villes, notre Cluj la Sainte!

Opinion du ministre Émile *Hatiegan* sur la situation: La grande Roumanie sera un État typique et intéressant, dont les gonds sont formés par la foule roumaine. Sur les bords extérieurs se trouvent de véritables petits États-tampons, qui protègent le corps des Roumains. Au sud-ouest, des tribus serbes, slaves et souabes; à l'ouest, l'arc hongrois continu jusqu'à la Tisza; dans les Carpathes, des colonies ruthènes. Sur les bords de la Bukovine et de la Bessarabie, des masses ukraniennes continues; au sud, dans la Dobroudja, les nations bulgare et tartare. C'est la topographie politique la plus idéale contre tout irrédentisme. Songez donc au gage que représentent pour nous les 460,000 Sicules, enclavés dans la mer roumaine! Si une attaque russe survient, elle est obligée de ravager d'abord les terres russes sur nos frontières; il en est de même pour les Serbes, les Bulgares et les Hongrois.

Le ministre socialiste roumain *Flueras* a aussi son opinion: Pourquoi les Hongrois sont-ils si sensibles à l'endroit de Kolozsvár, Torda, ou Nagyenyed et Brassó? Le sort et l'intérêt économique du nouvel État roumain exigent que ces villes appartiennent de nouveau aux Roumains.

Suivant Julian *Pop*, primar de Kolozsvár, et Vazul *Hossu*, protonotaire de la même ville: En neuf ans! Ah bah! En neuf mois, il faut que nous rendions roumaine Kolozsvár; c'est, en effet, là que se trouve la colonne vertébrale de l'État roumain. Le maître de Kolozsvár est maître aussi de la Transylvanie. Nous ne pouvons pas céder; il s'agit d'une question vitale pour les Roumains. Le procédé est tout simple. Bureaux roumains, institutions roumaines; commandant de place militaire, beaucoup de soldats; deux fabriques roumaines de l'État, magasins gratuits pour les Roumains, proscription du superflu de population hongroise et alors arrive la patriotique classe intellectuelle roumaine. Des quartiers entiers peuvent être évacués d'après le modèle français en Alsace; nos droits sont, en effet, encore plus anciens. En quelques semaines, il est possible de créer ici des villes roumaines, et, s'il n y a pas de villes, le village se disperse, comme il s'est dispersé en Moldavie.

Le ministre, docteur Orel *Lazar*, est tombé pour avoir préconisé en Conseil des Ministres d'épargner Nagyvárad: „Ce n'est plus de la politique, mais de la démence! Vous pouvez rendre roumaine Kolozsvár, Deés et les contrés montagneuses, mais ces villes limitrophes de la Hongrie seront toujours alimentées, à travers la frontière, par l'élément hongrois; la force des Roumains s'y épuisera!"

La plus intéressante déclaration est celle que fit le 18 sept. 1919, le ministre Alexandre *Vaïda-Voïvode*:

Je sais que nous avons tout risqué, non seulement le présent, mais aussi l'avenir. Nous avons donné aux Hongrois un précédent redoutable; si, en effet, ils prennent de nouveau le dessus, ils pourront pour toujours trancher la question transylvaine, suivant notre méthode. Selon les Hongrois, nous sommes une race nouvellement venue, et, après ce qui s'est passé, nous pourrons être complètement renvoyés de Transylvanie. Peu importe! De toute façon aucun Roumain ne resterait ici en vie, si les Hongrois y étaient de nouveau les maîtres. En mille ans, toutefois, un peuple n'a qu'une fois une occasion pareille; il serait fou de la manquer. Nous devons concentrer uniquement toute notre force, pour que les Hongrois ne reprennent pas de nouveau le dessus sur le terrain économique, politique et militaire, car alors est perdue non seulement la grande Roumanie, mais aussi la petite Roumanie! (Journal National, 14 déc. 1919.)

Ces déclarations expliquent pourquoi le long de la nouvelle frontière de Hongrie, dans des contrées à population exclusivement hongroise, sévit en plein, au milieu de 1922, la dictature militaire, l'état de siège et la répression par la force de toute manifestation hongroise.

Griefs de la minorité hongroise de Roumanie.

I.

Aux termes de l'**article 2** du chapitre I du **Traité** conclu à Paris le 19 décembre 1919 entre les Principales Puissances Alliées et Associées et la Roumanie au sujet de la **Protection des Minorités:** la Roumanie s'engage à accorder à tous pleine et entière protection de la vie et de la liberté, ainsi que le libre exercice de toute foi, religion ou croyance.

Griefs sur le terrain ecclésiastique.

1. Persécutions religieuses.

Extrait du numéro censuré du 18, XII, 1921 du journal *Aradi Közlöny*: Dans le comitat d'*Arad*, les réunions publiques des baptistes n'ont pas été permises. Dernièrement, le temple baptiste d'Aradkövi a été fermé.

Nous lisons dans le numéro 103 du 14 mai 1922 du journal *Patria*: Pour montrer comment sont respectés chez nous les droits à la liberté, nous reproduisons la lettre ci-dessus, prouvant que la croyance religieuse elle-même est opprimée à coups de bâton.

Birkis, le 5 mai 1922.

Très estimé Monsieur l'avocat Vaïda,

Je vous prie d'écouter ma plainte. Je suis Alexandre *Isbasa* de l'arrondissement de Birkis et je professe la religion baptiste, que j'ai embrassée le 7 septembre 1919. Dès le mois de mai, je suis sorti du sein de l'Église catholique-grecque et, devant deux témoins, j'ai pris congé du prêtre de mon ancienne Église. Après avoir fait mon devoir de soldat, j'épousai une jeune fille de la commune de Jász, (arrondissement de Karánsebes). Nous nous mariâmes le 23 novembre à la mairie d'Obrazsa. Mon mariage religieux fut célébré le 24 novembre 1921 dans la commune de Jász.

Le 8 février de l'année courante furent appelés dans le local de l'école tous ceux qui n'étaient pas mariés légitimement. Le prêtre Moïse *Bordás* était présent, en compagnie du sergent-major (plutonierul) *Guist* et du sergent *Bolog*. Le prêtre déclara qu'il ne me considérait pas comme sorti de son Église. Alors le plutonierul Guist s'attaqua à moi, en me demandant pourquoi j'observe les rites de notre Église baptiste. Je lui répondis: En vertu du droit ministériel, puisque j'en ai reçu la permission ministérielle.

Le plutonier m'accabla de reproches, auxquels je répondis en disant qu'il faut respecter les lois. Le plutonier se fâcha et me remit au sergent pour me conduire à la gendarmerie. Là, j'attendis que le plutonier revienne de l'école. Il me donna quelques soufflets, puis saisit un fusil avec lequel il me donna de si forts coups qu'il me brisa deux côtes. Plus tard, il ordonna au sergent *Turco* de me coucher sur le ventre et il me donnèrent alors des coups de poing en commençant par la tête. Entretemps, le plutonier prit un bâton et m'en donna des coups sur la plante des pieds.

J'ai fait dresser un constat médical et je l'ai envoyé à Lugos à M. le capitaine *Valcano*, qui ne fit rien. Je pris un autre constat médical que j'envoyai au ministère. Le constat médical et les déclarations parvinrent à la pretura (sous-préfecture), et je compris ainsi qu'il seraient envoyés à la compagnie de gendarmerie. Je vous prie beaucoup de me consoler, si possible.

Signé: Alexandre *Isbasa*, maison No. 150, Birkis, comitat de Krassó-Szörény. Nos temples de Birkis, de Kápolnás et de Valemare sont encore toujours tenus fermés par les autorités.

Dans les communes de *Mikóujfalu*, *Sepsibükszád* et *Körösbánya*, tous ceux, de qui il put être allégué qu'ils avaient, eux-mêmes ou leurs ancêtres, appartenu à la religion grecque-orientale, furent contraints d'abjurer la religion catholique-romaine. Leurs enfants ne furent point autorisés à être élevés dans la religion catholique-romaine. (10, II, 1921.)

Dans son numéro du 23, XII, 1921, le *Luptatorul* communique le procès-verbal dressé à *Radnót* (Jernut), le 4 novembre 1921, et signé par Gheorghe *Cesman*, prédicateur, Coman *Simion*, S. Vasilie *Precup*, *Masca*, etc. Sept baptistes y déclarent qu'à Oláhkocsárd (comitat de Kisküküllő), le 1er oct. 1921, les gendarmes les ont arrêtés de nuit et les ont menés à Dicsőszentmárton. Là, sur l'ordre du capitaine de gendarmerie *Petresco*, ils ont été enfermés dans une écurie, où trois gendarmes les forcèrent d'abjurer leur religion. Comme ils s'y refusèrent, on leur enleva leur pantalon et leur caleçon et, mettant sur leur corps ou une étoffe mouillée, on leur administra des coups de corde jusqu'à complète fatigue. Comme ils criaient de douleur, *on les bâillonna avec du crottin de cheval et on continua à les battre.* Leur corps était déjà couvert de blessures, lorsqu'ils furent conduits devant le capitaine *Petresco*, où se trouvaient aussi un pope roumain et un civil. Là, le pope schismatique essaya de les persuader d'abjurer leur religion. Comme ils persistaient à rester fidèles à leur croyance, le capitaine les congédia en leur disant de ne pas s'aviser de prier à la manière baptiste et leur enjoignit de se présenter dans la suite chaque jour à la police.

Au sujet de la persécution des baptistes, *I. H. Rusbrooke* et *I. R. Socacio* firent une enquête en Transylvanie et publièrent dans le numéro du 26 janv. 1922 du „Religious Herald" d'Amérique leur rapport appuyé de procès-verbaux.

Dans le numéro du 9. XII. 1921 de l'*Adeverul* de Bukarest, I. Teodoresco, l'un des plus éminents journalistes roumains, écrit ceci: L'Europe est encore toujours le théâtre de luttes multiples et de persécutions politiques; mais ces dernières ne sautent guère aux yeux. Néanmoins, cette même Europe n'a plus gardé vestige de persécutions religieuses et c'est pourquoi elle s'étonne et s'indigne de celles qui existent encore chez nous. Le ministre Goga a donné l'ordre écrit aux autorités de ne pas persécuter les inoffensifs baptistes et aventistes. Cependant, l'un après l'autre, les journaux censurés de Bukovine rapportent les persécutions religieuses.

Dans son numéro du 1er janv. 1922, le *Luptatorul* de Bukarest reproduit deux procès-verbaux avec la remarque que, en conséquence des procès-verbaux analogues précédemment publiés, le ministre des Cultes a prescrit par décret de respecter dans tout le territoire du pays la liberté de conscience. A cela, les popes ont répondu: „Le ministre est ministre à Bukarest, mais nous, popes, nous sommes ici ministres".

Le 17 sept. 1921, dans la commune d'*Arbora*, hommes et femmes assistaient au nombre de 15 à l'office divin. Au milieu de l'office, firent irruption les gendarmes, sous la conduite du primar (maire) Gheorghe *Balmos*; ils prirent de force toutes les bibles et fouillèrent totalement les assistants. Ils souffletèrent le prédicateur A. *Sirceano* et souffletèrent et bâtonnèrent tous les assistants à tel point qu'ils eurent le visage et le corps couverts de blessures et de contusions. Puis ceux-ci furent menés à la gendarmerie et, comme c'était un samedi (le jour férié des aventistes), les gendarmes les forcèrent de nettoyer les écuries.

Le 20 août 1921, dans la commune de *Fundul-Moldovei*, les aventistes assistaient au nombre de 20 à l'office divin. Les gendarmes firent irruption et menèrent toute l'assemblée à la gendarmerie, où, sous les ordres du chef de gendarmerie Gavriel *Dan*, les gendarmes frappèrent avec les mains, à coups de nerfs de boeuf et à coups de crosse, non seulement les hommes, mais aussi les femmes et les enfants. Puis, ils les enfermèrent dans un petit réduit, où ils les retinrent jusque dans l'après-midi du lendemain, où ils les conduisirent à *Campulung*.

Le troisième jour, le préfet publia le jugement suivant: Pour cette fois-ci le sous-préfet vous comdamne à 10 jours de prison, mais, la prochaine fois, je vous condamnerai à un mois de prison. Ces procès-verbaux furent signés par Grigore *Lehaciu*, Gribori *Timpeu* et Mihai *Sireteano*, et ils furent remis au tribunal.

2. Censure de sermons et de prêches.

Le Rév. W. H. Drumond, délégué de la Société Unitaire Britannique et Étrangère, rapporte ce qui suit sur son séjour a Kolozsvár du 20 au 28 octobre 1919: „Le 27 octobre parut un décret, d'après lequel tout sermon ou prêche, avant d'être prononcé, devait être présenté dix jours à l'avance au censeur, après la censure duquel aucun changement n'était plus permis dans le texte. En de nombreux cas, nos pasteurs furent indignement maltraités, incarcérés, bâtonnés.

3. Proscription d'évêques, de prêtres, de fidèles.

Par sa décision No. 599/920, la commission d'évacuation de Kolozsvár chassa de sa résidence l'évêque unitaire, résidence que les évêques unitaires habitaient depuis plus de 300 ans. Ce n'est qu'après en avoir appelé de cette mesure et au bout de longues démarches, que cet ordre fut retiré. (R. 2, II, 1921.)

Par ses décisions, Nos 592, 593 et 594/920, le bureau des logements de la ville chassa de Kolozsvár le pasteur et deux vicaires luth. de Kolozsvár, comme éléments non désirables. Après de nombreuses démarches, on leur permit „pour le moment" de rester. (R. 2, II, 1921.)

Extrait du rapport de la commission de l'*Alliance Universelle Presbytérienne Calviniste*, commission composée de A. William *Curtis*, professeur à l'université, I. R. *Fleming*, secrétaire général de l'Alliance Universelle et I. M. *Webster*, pasteur calviniste écossais, qui parcoururent la Transylvanie d'août à octobre 1920, et dont le rapport parut dans le numéro de février 1921 de „The Quarterly Register":

A *Nagyvárad*, les estimables membres de la communauté calviniste se résolurent à se joindre avec leurs familles aux trains de „rapatriement" faisant un service régulier. Le fonctionnement de la communauté est soumis à des restrictions sous sourveillance militaire ou policière. Désespoir et angoisse dans chaque demeure.

4. Terreur contre les Églises.

Extrait du rapport de l'*Alliance Presbytérienne Calviniste:* Comme les autorités l'avaient déjà privé d'une partie de son logement, Charles *Nagy*, évêque de Kolozsvár, transforma à notre intention pour la nuit le local officiel de son secrétariat en chambres à coucher. Cette acte d'hospitalité fournit, après notre départ, aux autorités roumaines un prétexte pour exiger immédiatement six chambres meublées pour la famille d'un officier roumain. Ni la responsabilité officielle de l'évêque, ni la grave maladie de sa femme ne suffirent pour les retenir d'exécuter cette réquisition.

La triste situation de l'Église calviniste hongroise a fait sur nous une impression profonde et inoubliable.

A *Bukarest*, nous ne pûmes visiter aucune communauté hongroise calviniste, car leur fonctionnement était suspendu.

Nous nous sommes convaincus que toute une série de violences brutales caractérisait l'occupation et l'administration du territoire hongrois déjà transféré, que la vengeance de race tolérait et secondait les injustices, les violences, les cruautés et les spoliations commises par une scandaleuse politique de terreur, dont nos communautés et nos pasteurs étaient les victimes préférées, non parce qu'ils sont protestants, mais parce que, par leur origine et par leur éducation, ils sont hongrois.

Les pasteurs et les fonctionnaires qui furent entendus ont tous été bâtonnés, incarcérés ou menacés de violences ou de mort. Quelques-uns sont tenus pendant plusieurs mois en prison sans être jugés ou sans qu'on procède au moins judiciairement contre eux en raison des actes qui leur sont imputés. Généralement leurs réclamations ne sont pas écoutées, ou bien elles sont rejetées et punies comme un outrage au bon renom de la Roumanie. L'attachement à la race et à la langue est considéré comme un crime politique.

5. Autorisation spéciale pour les réunions ecclésiastiques.

Les réunions des tribunaux et commissions ecclésiastiques étaient et sont interdites, à l'exception de certains cas. En raison de notre propre expérience, nous affirmons que l'autorité locale escroqua d'une manière tout-à-fait arbitraire 92 lei ou francs pour la réunion religieuse que nous tînmes au temple le 23 au soir. (Rapport de l'Alliance Universelle Presbytérienne Calviniste.)

Pour tenir des soirées religieuses calvinistes, exercices de chorale, réunions presbytériennes, etc., il faut en demander la permission aux autorités. Dans la plupart des endroits, même au moyen des plus grandes démarches, il est impossible d'obtenir la permission de tenir des réunions religieuses. Depuis un an et demi, le conseil de direction du district ecclésiastique lui-même n'a pu tenir qu'une fois sa séance. La séance permise pour le 20 février 1919 ne put être tenue, pour la raison que le délégué militaire ne se présenta pas. (R. 10, II, 1921.)

6. Célébration de fêtes religieuses ordonnée avec terreur par l'autorité civile et militaire.

Comme, d'après les lois ecclésiastiques sanctionnées par le roi, la fixation des fêtes et des occasions d'office divin appartient au ressort des autorités ecclésiastiques supérieures, les pasteurs ne se conformèrent pas aux injonctions des autorités civiles et militaires locales prescrivant de tenir des offices divins occasionnels. Pour ce fait, de nouveau plusieurs pasteurs furent arrêtés, traînés à la gendarmerie, cruellement battus et maltraités pendant plusieurs jours de la manière la plus brutale. C'est ce qui arriva, entre autres, à Dezső *Imre*, pasteur d'*Abrudbánya*, et à Pierre *Barát*, pasteur de *Mezőzáh*. Georges *David* pasteur d'*Alsóbökény*, fut bâtonné à nu; les gendarmes lui mirent leurs baïonnettes autour du corps pour que la pointe lui entrât dans le corps secoué par les coups. Maintenamt non plus ces outrages n'ont pas cessé; tout au plus, la bastonnade est-elle moins fréquente. (R. 10, II, 1921.)

A *Körösbánya*, le primpretor ordonna au pasteur calviniste de tenir un office divin le 20 mai 1920. Le pasteur ayant répondu que, aux termes de la loi, l'autorité ecclésiastique supérieure avait seule le droit d'ordonner de tenir l'office divin, il le cita plusieurs fois devant lui, essaya de le forcer, le menaça, et comme, néanmoins, il ne put arriver à son but, ce pasteur est depuis lors constamment en butte à des molestations de la part des autorités civiles.

A *Nagybánya*, le 4 août 1920, à 7 heures du matin, la garnison envoya par un policier à Elemér *Soltész*, pasteur calviniste, l'ordre que ce même jour, à dix heures du matin, il était: „obligé de dire la messe". Le pasteur n'ayant point obéi à cet ordre, il fut arrêté et enfermé sans interrogatoire dans la prison du tribunal d'arrondissement, d'où il fut mené le 7 août, sous escorte armée, à Nagyvárad, où il ne fut relâché que le 10 août, sans qu'il eût obtenu aucune satisfaction. On en agit de même avec Charles *Zsigmond*, pasteur calviniste de *Szilágysomlyó*, qui, de Nagyvárad également, fut renvoyé chez lui; préalablement, toutefois, on lui avait fait subir un interrogatoire. (R. 10, II, 1921.)

7. Maltraitement, bastonnade, incarcération et proscription d'ecclésiastiques.

Depuis deux ans, les pasteurs calvinistes sont sans cesse exposés aux outrages de la part des autorités civiles et de la gendarmerie. Pour des incriminations ou des soupçons inavoués, et dont l'examen fut, en chaque cas, demandé par l'évêque, plusieurs pasteurs furent arrêtés, emmenés de leur paroisse, pour être tout simplement relâchés plusieurs semaines ou même plusieurs mois plus tard, l'âme et le corps brisés, et sans recevoir aucune satisfaction. C'est ce qui est arrivé, p. ex., à Louis *Kacsó*, pasteur de *Mezőmadaras*, à Géza *Szőnyi*, pasteur de *Küküllővár*, à Etienne *Bene*, pasteur d'*Aldoboly*, à François *Mircse*, pasteur de *Telek*, à Louis *Pap*, pasteur de *Magyarlápos*. Dernièrement, c'est Louis *Egerházy*, pasteur d'*Ujtorda*, qui, depuis des mois, est renvoyé d'une autorité militaire à l'autre. Dans son intérêt, l'évêque s'est adressé à deux reprises à la chancellerie royale, puis au président du Conseil et au ministre des Cultes; enfin, sans aucun jugement, le général *Petala* le fit conduire à la frontière sous escorte militaire comme élément non désirable, et là, le fit passer en Hongrie, bien qu'il fût né en Transylvanie, ainsi que tous ses aïeux. (R. 10, II, 1921.)

Le 27 juin 1919, à la gare de Tövis, Jean *Szporni*, prêtre et professeur au collège catholique-romain de Gyulafehérvár, fut interrogé par le lieutenant Bacila, commandant de la gare, qui lui demanda quel était son nom et lui déclara ensuite qu'il était: „bolsevik, car tous les prêtres hongrois sont bolseviks et surtout l'évêque, mais nous vous apprendrons à vous tenir!" ajouta-t-il. Après cette déclaration, le lieutenant le quitta. Alors survint le caporal du poste, qui se mit à souffletter Szporni. Lorsque le caporal fut fatigué, les autres soldats prirent sa place; ils le frappèrent avec la main et avec le poing, lui frappèrent la mâchoire, puis lui arrachèrent ses vêtements, lui donnèrent des coups de bâton et de crosse au ventre et aux jambes, ensuite ils lui remirent ses vêtements et continuèrent à le frapper sans interruption de 8 heures à 11 heures du soir. Alors, ils le mirent dans le train. Un soldat l'accompagna et lui frappa la tête à chaque secousse. Le lendemain, deux médecins roumains visitèrent ce prêtre, et leur constat, accompagné d'une protestation, fut envoyé par l'autorité épiscopale catholique-romaine au Conseil Dirigeant roumain de Nagyszeben.

Pendant longtemps le Conseil Dirigeant fit la sourde oreille, puis, en présence d'une nouvelle protestation, il remit toute l'affaire à l'autorité militaire de Nagyszeben, qui d'abord nia catégoriquement le fait, puis prétendit que Jean Szporni, vénérable ecclésiastique et professeur de mathématiques respecté, avait fait de la propagande bolcheviste. Lorsque l'autorité épiscopale en demanda poliment les preuves, le général *Murdaresco*, invoquant le secret militaire, en refusa la communication. (R. 10, II, 1921.)

Au printemps 1919, *Guio*, colonel roumain, fit courir le bruit que *Mgr. le Comte Gustave-Charles Majláth*, conseiller intime, le pieux évêque du diocèse catholique-romain de Transylvanie, était bolcheviste. Lorsque, par l'entremise du Père *Anacletus* O. M., ce prélat de mentalité conservatrice en demanda l'explication, le colonel roumain répondit: „Il est sûr que l'évêque Majláth est bolcheviste; il porte, en effet, des soutanes usées, il parle à tous les pauvres et, à tout le monde, il dit: „Mon cher enfant".

Le 25 sept. 1919, à *Gyulafehérvár*, un journaliste anglais, *Baerlein*, se présenta, un uniforme d'officier anglais, à Mgr. *Majláth* pour lui demander des données d'ethnographie et de statistique ecclésiastique. L'évêque donna les éclaircissements demandés et, par politesse envers cet étranger, l'invita à dîner. Après dîner, il dit qu'il regrettait d'être séparé du monde cultivé ainsi que son diocèse. Au cours de l'entretien l'agent provocateur anglais mentionna le nom du cardinal *Mercier* et l'évêque fit la remarque que le cardinal-archevêque de Malines s'était, par sa loyale et patriotique conduite, conquis l'estime du monde entier. Le lendemain soir, l'évêque et de nombreux membres du clergé central, — et, parmi eux, quelques-uns même qui n'avaient pas vu Baerlein, — furent mis aux arrêts par les Roumains. Pendant huit jours, des soldats, la baïonnette au fusil, les gardèrent à vue et même leur interdirent de célébrer la messe le dimanche. (R. 10, II, 1921.)

Gaspar *Botár*, catéchiste catholique-romain de Szamos-Újvár, fut condamné à un an de prison pour un passage critiqué de son sermon. Il fut relâché en juin 1920.

Le Père Léonard *Trefán*, provincial des Franciscains, fut, pour un de ses sermons, retenu en prison pendant des mois en 1919 et 1920.

Jean *Nagy*, curé de *Nagyág*, fut tenu en prison pendant des mois à Déva et ensuite conduit en prison à Nagyszeben.

Josephe *Rákk*, curé de *Zalatna*, fut cité plusieurs fois devant le tribunal militaire, parce qu'il n'avait pas hissé le drapeau roumain sur l'église catholique-romaine le 10 mai 1920.

Une véritable molestation se pratique en faisant, sous peine de punition, acheter, par les Églises, de firmes indiquées, pour les églises et les écoles, des drapeaux roumains de la grandeur prescrite, et en faisant hisser sur les églises et les écoles de la population hongroise, aux fêtes nationales, ces drapeaux commandés à la hâte, souvent le même jour.

8. Empêchement à ce que les pasteurs retraités et leurs veuves et orphelins touchent leur pension de retraite.

Le Convent Universel siégeant à Budapest s'occupe des subventions aux temples et écoles calvinistes pauvres de Transylvanie, et des pensions de pasteurs, des affaires de leurs veuves et orphelins, ainsi que des mises à la retraite des pasteurs et de l'entretien de leurs veuves et orphelins. Depuis le 29 déc. 1918, le district calviniste de Transylvanie fut, par décret du gouvernement roumain, privé de tout contact avec cette autorité supérieure depuis plus de deux ans, et, pendant ce délai, les pasteurs retraités, et leurs veuves et leurs orphelins, ne purent toucher leur pension et le gouvernement roumain ne prit aucune mesure pour les en dédommager ou leur en faire l'avance. (R. 10, II, 1921.)

9. Réforme agraire contre les Églises hongroises.

Extrait du rapport du 20 oct. 1920 du Rév. *Sydney B. Snow*, sur le voyage d'étude fait en Transylvanie par la Commission Unitaire Américaine:

Le moyen le plus efficace d'affaiblissement des Eglises est la soi-disant „réforme agraire". Nous ne discutons nullement le nécessité de cette loi, mais, par son application dans la pratique, nous en avons vu suffisamment pour nous convaincre qu'elle est employée à diminuer la force et l'influence des Églises hongroises.

Ainsi qu'il est tout naturel dans un pays agricole, la plus grande partie des biens ecclésiastiques est constituée par des propriétés foncières. Les différentes propriétés ne sont pas grandes; leur étendue varie suivant les paroisses. Dans la plupart des villages existe une propriété ecclésiastique sur laquelle de 10 à 30 arpents (de 5. 7 à 16. 2 hectares) reviennent au pasteur, quelque chose de moins à l'instituteur et une certaine part reste aussi, pour l'entretien des bâtiments et pour subvenir à d'autres dépenses. Souvent, il s'y trouve également une forêt, fournissant du bois en suffisance pour les besoins du pasteur et de l'instituteur.

Nous avons visité la propriété de fondation de *Bányabükk* du collège unitaire de Kolozsvár, laquelle fut condamnée à être expropriée et, des expériences que nous y avons acquises, ressort ce que, dans la pratique, signifie la „réforme foncière". Les paysans, à qui les terres ont été cédées pour un fermage annuel de 60 couronnes, disposant déjà de toutes les terres qu'ils étaient à même de cultiver, donnèrent, pour cent couronnes par hectare, les terres reçues en affermage forcé, à un spéculateur, qui, de son côté, afferma également la propriété, et cela à celui même qui auparavant les prenait de l'Église en fermage. L'Eglise ne cultive ses terres que depuis la guerre.

La propriété en question de *Bányabükk* et de *Pusztaszentmárton* comprend 1419 arpents (812 hectares). Cette propriété était destinée à fournir à l'internat unitaire tous les produits nécessaires.

Autres propriétés de la communauté unitaire:

2. Propriété de fondation de 3189 arpents (1834·8 hectares) dans la commune de *Ladomos-Alamor*, donnée en 1837 par Paul *Augusztinovich*; ses revenus sont destinés à l'entretien des institutions religieuses et scolaires.

3. Propriété de fondation de 1389 arpents (788·6 hectares) de *Bük*, donnée en 1888, par *Mózsa Berde*: ses revenus servent à donner aux étudiants des écoles de Kolozsvár, Torda et Székelykeresztúr 3 petits pains par tête et par jour, pendant 200 jours annuellement.

4. Propriété de fondation de 301 arpents (172·5 hectares) de *Bágyon*, donnée en 1889 par Denis *Kovács*: ses revenus sont destinés aux écoles de l'Église.

5. Propriété de fondation de 584 arpents (235 hectares) de *Pusztaszentmiklós*, donnée en 1890 par Jean *Derzsi*: ses revenus servent à assister des étudiants unitaires. (R. 10, II, 1921.).

Le point 4 du § 6 du chapitre I de la loi agraire transylvaine dit que peut être expropriée la partie dépassant 32 arpents (18·4 hectares) pour les propriétés des paroisses, celle dépassant 8 arpents (4·5 hectares) pour les terres servant à rémunérer l'instituteur, celle dépassant 16 arpents (9·2 hectares) pour les terres destinées à l'entretien des écoles et celle dépassant 10 arpents (5·7 hectares) pour les terres affectées à l'entretien du temple. Les propriétés de paroisses ne comptant que 300 fidèles et celles de filiales ne comptant que 100 fidèles doivent être expropriées en entier. L'intention de la loi est ici évidente. Comme, par suite du principe de liberté de conscience reconnu en Transylvanie depuis 400 ans, dans les communes de 500 à 1000 habitants se trouvent souvent 3, 4 et même 5 paroisses, entretenues par les revenus des pieuses donations des fidèles, de nombreuses paroisses hongroises catholiques-romaines et protestantes, existant depuis plusieurs siècles, seraient suprimées au cas de l'exécution de la loi roumaine, car aucune paroisse ne pourrait subsister de la rente perpétuelle, promise par l'article 85 de la loi, de 5% du prix de rachat calculé à raison du prix marchand de 1913, mais ne valant plus aujourd'hui que le tiers environ de sa valeur d'alors.

En vertu de la loi-décret du 12 sept. 1919 du Conseil Dirigeant de Transylvanie, les propriétés de *Kolozsmonostor*, *Váralmás*, *Radnót* et *Alsóbajom* de *l'état catholique-romain* de Transylvanie, soit un territoire cultivé d'environ 10000 arpents (5754 hectares), furent données en affermage forcé. Par là se trouvent entravé et, si l'expropriation est exécutée, deviendra complètement impossible l'entretien de 7 collèges, 7 établissements d'éducation de garçons et un orphelinat, entretenus sur les revenus de ses propriétés, ainsi que le paiement de leurs émoluments à 120 membres du corps enseignant. Cette politique foncière projette l'anéantissement complet de l'enseignement confessionnel catholique-romain. On a donné en affermage forcé et on veut exproprier les modestes propriétés du chapitre diocésain, ce qui rendra impossible de subventionner l'enseignement primaire et d'autres institutions de l'Église. C'est ainsi que l'on veut confisquer également les propriétés du grand séminaire. Il est caractéristique que ces propriétés servant aux buts d'étude, d'enseignement et d'entretien d'églises de l'Église catholique-romaine ne sont pas distribués aux fidèles catholiques-romains, mais seulement aux Roumains grecs-orientaux et catholiques-grecs (R. 10. II. 1921.).

Des propriétés, des forêts ecclésiastiques et des écoles, construites par l'Église et cédées à l'État aux fins d'enseignement, furent sans indemnité confisquées d'une manière qui eût été inexcusable même en cas de conquête militaire. (Rapport de l'Alliance Universelle Presbytérienne Calviniste.)

Des paroisses et pasteurs calvinistes sont gravement atteints par la réforme agraire qui leur a enlevé une partie de leurs revenus (canonica portio) et, dans beaucoup d'endroits, on ne leur a pas même laissé les 32 arpents assurés par la loi. Les églises ainsi privées d'une partie de leurs revenus ne sont à même de répondre ni à leur mission ecclésiastique, ni à leur tâche scolaire. (R. 10, II, 1921.)

On a pris en affermage forcé 300 arpents (170 hectares) de pâturage à la paroisse et au pasteur calviniste de la commune de *Fejérd*, 150 arpents (86 hectares) de terres arables à *Mezőbánd*, 300 arpents à *Mezőmadaras*, 140 arpents à *Újtorda*, 25 arpents à *Nagyrápolt*, 50 arpents de pâturage de fondation à *Buzásbesenyő*, etc. (R. 10, II, 1921.)

II.

Aux termes de l'art. 9 du chapitre I du Traité du 9 déc. 1919 relatif à la protections des minorités, les ressortissants roumains appartenant à des minorités ethniques, de religion ou de langue, jouiront du même traitement et des mêmes garanties en droit et en fait que les autres ressortissants roumains. Ils auront notamment un droit égal à créer diriger et contrôler à leurs frais des institutions charitables, religieuses ou sociales, des écoles et autres établissements d'éducation, avec le droit d'y faire librement usage de leur propre langue et d'y exercer librement leur religion.

Griefs sur le terrain des écoles confessionnelles.

1. Refus de permettre la création d'écoles.

Lors de l'instauration du régime roumain en 1918, les écoles de l'État hongrois furent supprimées et Valère *Braniste* lui-même, alors chef du ressort des Cultes, invita l'évêque calviniste à ouvrir des écoles confessionnelles, pour que les enfants astreints à l'obligation scolaire ne restassent pas privés d'enseignement, car il voulait, disait-il, faire face de cette manière aux besoins scolaires des minorités.

Extrait du rapport du Rév. W. H. Drumond, délégué de la Société Britannique et Etrangère (23, Cannon Place Hampstead, le 3 nov. 1919):

„Si quelqu'un voulait créer pour les élèves hongrois une autre école sur la base confessionnelle, de sévères mesures étaient prises contre lui. C'est ainsi, p. ex., que fut emprisonné le docteur Elek *Kiss*, pasteur unitaire de *Kissolymos*, qui, en 1914, faisait encore ses études au Manchester College à Oxford."

L'Église calviniste hongroise d'Arad demanda au sous-secrétariat d'État roumain de l'Instruction Publique de Kolozsvár la permission d'ouvrir une école réale s'appuyant sur le fait qu'à Arad il n'y a en ce genre qu'une seule école à langue d'enseignement roumaine, tandis que, sur les 63 mille habitants de cette ville, 46 mille ont le hongrois comme langue maternelle. La demande de l'Église fut rejetée sous prétexte qu'il existe déjà à Arad une école réale roumaine, et que, pour cette raison, il est superflu d'en ouvrir une nouvelle. (Numéro censuré du 14 sept. 1920 du journal Brassói Lapok.)

L'Église hongroise luthérienne d'Arad fit une demande pour ouvrir, sans aucune subvention de la part de l'État, une école réale supérieure. Elle répondait en tout aux exigences prescrites par l'État. La demande fut rejetée. (R. 2, II, 1921.)

Dans plusieurs anciennes écoles de l'État hongrois se trouvent des salles vides, mais les autorités roumaines n'y donnent pas place à l'école calviniste, pas même si l'école est la propriété légale de l'Église. Elles préfèrent les voir rester vides et inutiles. C'est ce qui s'est passé à *Kajántó, Dámos, Sepsiszentgyörgy*, (où 9 salles d'études étaient vides en 1920), etc. (R. 10. II. 1921.)

Les écoles de l'Église luthérienne de *Berda, Temesvukovár, Vársomlyó* et *Lugos* ne sont tolérées que si les émoluments prescrits par l'État sont assurés aux instituteurs. (R. 2, II, 1921.)

2. Confiscation d'écoles.

De 1870 à 1900, l'Église calviniste remit à l'État hongrois plus de 200 de ses écoles avec leurs bâtiments et leurs installations, avec la clause, stipulée par traité, que la propriété immobilière et mobilière ecclésiastique cédée ne restera entre les mains de l'État que tant que l'État y entretient une „école à langue d'enseignement exclusivement hongroise“ et que, en cas contraire, le traité perd sa valeur et la propriété revient à l'Église. Après l'instauration du régime roumain, les paroisses rouvrirent leurs écoles dans ces bâtiments ecclésiastiques. Toutefois, le gouvernement roumain saisit ces bâtiments ecclésiastiques, les confisqua, y ouvrit en beaucoup d'endroits des écoles à langue d'enseignement roumaine, et les écoles ecclésiastiques restèrent ainsi sans abri. Toute protestation et toute demande à ce propos restèrent sans réponse de la part du gouvernement roumain. (R. 10, II, 1921.)

En plusieurs endroits, le logement du chantre calviniste fut aussi confisqué; p. ex., dans les communes *d'Oltszem, Székelyszáldobos, Bereszteike*, etc. (R. 10, II, 1921.)

Le district calviniste de Transylvanie acheta à Kolozsvár en 1916 un immeuble pour un institut d'enseignement supérieur pour jeunes filles diaconesses. A cause de la guerre, l'institut ne fut pas ouvert et le bâtiment en fut provisoirement cédé à l'école normale d'instituteurs de l'État, dont le bâtiment servait à des buts militaires. Lorsque, en 1918, l'école normale d'instituteurs rentra dans son immeuble, le gouvernement roumain, sans consulter le propriétaire, confisqua ce bâtiment pour servir d'hôpital de femmes syphilitiques. Pour cette raison, le district ne peut ouvrir aucun de ses établissements d'éducation pour jeunes filles et c'est la troisième année qu'il se voit forcé de placer provisoirement à Nagyenyed l'un d'entre eux, à savoir l'école normale d'institutrices. L'Église s'est déjà adressée à toutes les autorités roumaines imaginables pour ravoir son institut de jeunes filles, mais elle n'a obtenu tout au plus que des promesses. C'est ainsi que *Moldovan*, sous-secrétaire d'État du ministère de la Prévoyance Sociale, fit personnellement à l'évêque la promesse que, à la fin de juin 1920, les édifices seraient rendus à leur destination, mais cette déclaration resta à l'état de promesse. (R. 10, II, 1921.)

L'une des salles de l'école calviniste à deux salles, construite à *Dedrádszéplak* par la paroisse et fonctionnant depuis longtemps, fut tout simplement réquisitionnée par le primpretor pour l'école roumaine grecque-catholique. Bien que l'Église tienne deux instituteurs, il ne lui est resté qu'une seule salle d'école. (R. 10, II, 1921.)

A *Szászváros*, le bâtiment et la salle de gymnastique de l'internat du collège calviniste *Kun* furent réquisitionnés sous le prétexte que le lycée roumain de l'État en avait besoin. Toute protestation fut vaine; il est impossible d'obtenir justice. (R. 10, II, 1921.)

A *Nagybánya*, l'Église calviniste ouvrit une école à quatre instituteurs et demanda au primar de vider, pour y placer l'école, quatre chambres dans le bâtiment réquisitionné, mais représentant la propriété de l'Église; elle le pria au moins de lui céder quatre salles dans le bâtiment de l'école de l'État qui se trouvait vide. Ces deux demandes furent rejetées. Pendant un certain temps, l'école fonctionna dans le temple, mais, à l'approche de l'hiver, les classes durent être interrompues. (R. 10, II, 1921.)

A *Székelyzsombor* et à *Kiskapus*, le bâtiment scolaire, appartenant à l'Église luthérienne et donné antérieurement en fermage à l'État hongrois, fut, avec ses installations, déclaré tout bonnement propriété de l'État roumain. L'école de l'Église luthérienne d'*Ujcarsánd* fut, avec les terres y afférentes, confisquée et transformée en école d'État et, dans cette commune exclusivement hongroise, fut nommé un instituteur grec-oriental ne sachant que le roumain. (R. 2, II, 1921.)

A *Gyulafehérvár*, le collège catholique-romain a été depuis trois ans confisqué et transformé en hôpital de soldats atteints de maladies vénériennes et il est impossible d'en obtenir la restitution pour le rendre à sa primitive destination. (R. 19, II, 1921.)

Le 29 août 1921, lors du séjour à Hétfalu du ministre *Petrovici*, la députation de l'Église hongroise luthérienne de *Csernátfalu* le pria de ne pas confisquer l'école appartenant à l'Église et que fréquentaient

280 enfants. La même députation se présenta plus tard pour la même affaire devant le préfet du département, auquel elle donna une demande en ce sens pour qu'il la remette au gouvernement. Malgré toute bienveillante assurance, l'instituteur-directeur *Nyisztor* opéra de force, avec assistance des gendarmes, la saisie de ce bâtiment appartenant à l'Église et, ainsi, les 280 enfants hongrois restèrent privés d'enseignement. (Numéro censuré du 24 sept. 1921 du journal *Brassói Lapok*).

C'est de la même manière que fut confisqué, sur l'ordre du secrétariat-général de l'Instruction Publique de Kolozsvár, le bâtiment scolaire de l'Église hongroise luthérienne d'*Apácza*. (Numéro du 5 sept. 1921 du journal *Brassói Lapok*).

3. Confiscation du lycée catholique-romain de Máramarossziget.

A *Máramarossziget*, le lycée catholique-romain avait anciennement demandé à l'État une subvention pour faire construire son nouveau bâtiment scolaire. Pour cette raison, le gouvernement roumain confisqua, en 1919, tout le lycée catholique-romain et y ouvrit sous le nom de „Dragos Voda" un nouveau lycée roumain avec enseignement en langue roumaine. Le lycée catholique-romain, ainsi privé de son asile, voulut quand même continuer de fonctionner en 1920, mais l'autorité ne le lui permit pas. En conséquence, les élèves hongrois catholiques-romains se firent inscrire au lycée calviniste comptant 400 ans d'existence et y poursuivirent leurs études jusqu'au 17 février 1921, où il fut dissous, fermé et dont, en définitive, le bâtiment fut confisqué.

4. Fermeture et confiscation du lycée calviniste de Máramarossziget.

Sur l'ordre télégraphique No 1139/921 du directeur-général de Nagyvárad, docteur *Pteanco*, le préfet, docteur V. *Mester*, par son décret No 317, fit fermer, le 19 avril 1921, le *Lycée calviniste de Máramaros* existant depuis 400 ans et les élèves en furent renvoyés chez leurs parents. En réponse à la réclamation télégraphique de l'Église calviniste, Oct. *Prie*, sous-secrétaire d'État, sanctionna la fermeture par son décret télégraphique No 12,943/1921. Plus tard, le directeur-général Pteanco motiva la fermeture en prétextant que, le 14 février 1921, Pierre Juhász, directeur du lycée, avait été arrêté pour une affaire de „complot".

Le directeur Pierre Juhász fut acquitté, le 7 oct. 1921, par le tribunal militaire. En raison de cet acquittement, l'évêché calviniste présenta, pour faire annuler le décret de fermeture du lycée calviniste, une demande, que, le 13. oct., par décret No. 103,078/1921, le ministère de Bukarest rejeta, sous prétexte qu'il n'avait pas encore connaissance de la décision du tribunal militaire. Après réception de ce décret, l'Église calviniste envoya à Bukarest le directeur Pierre *Juhász*, acquitté et remis en liberté, et l'économe Ladislas *Bede*, pour qu'ils pressent la réouverture du lycée. Là, au ministère, il leur fut dit verbalement que la réouverture du lycée calviniste ne pouvait être permise, car:

1. Máramarossziget ne peut prétendre à avoir un lycée calviniste, les Hongrois et les calvinistes étant dans cette ville en minorité;

2. cet institut avait été déjà deux fois puni;

3. il ne pouvait être toléré que les citoyens tchéco-slovaques, ruthènes et juifs soient enseignés en langue hongroise.

Après avoir pris acte de cette déclaration verbale de Messieurs Lasau *Popa* et *Prie*, sous-secrétaires d'État, l'Église calviniste présenta au ministre, en décembre 1921, une requête, dans laquelle elle démontra que l'Église calviniste exerçait son droit de patronage de l'école depuis 400 ans et que, en vertu des traités de paix, elle entendait le conserver. Relativement à la double punition qu'elle avait subie, elle ajouta qu'il était vrai que l'école avait été fermée deux fois par l'autorité, mais que le motif de la première fermeture n'avait jamais été communiqué à l'Église, qui n'avait pas été informée non plus de la cause de sa réouverture, et que, la deuxième fois, ce n'était pas l'Église qui avait été suspectée, mais un de ses fonctionnaires qui, du reste, avait été acquitté. À propos du 3e point, l'Église fit observer que l'école était sous le contrôle de l'État, qui avait ainsi le moyen de faire respecter les lois scolaires.

Malgré tout cela, le fonctionnement ultérieur de l'école calviniste quatre fois centenaire ne fut pas autorisé par l'État roumain qui, sous la menace de recourir à la réquisition, prit en fermage l'édifice appartenant à l'Église et y plaça, dans une partie, une école normale roumaine d'instituteurs et, dans l'autre partie, les nouvelles sections parallèles nouvellement ouvertes du lycée roumain local. Il reprit aussi les professeurs enseignant au lycée calviniste, à l'exception de deux d'entre eux, qui, pour assurer leur existence, eussent été disposés à suivre l'exemple de leurs confrères. Actuellement, l'institut calviniste a effectivement passé aux mains de l'État roumain et le droit d'entretenir l'école a été arraché à l'Église en question, qui se trouve contrainte, toutefois, de payer les traitements des deux professeurs que l'État n'a pas repris.

5. Lutte exterminatrice de l'État roumain contre le lycée de fondation cath.-rom. d'Arad.

A *Arad*, où, sur 63,166 habitants, se trouvent 46,085 Hongrois et 32,630 cath.-rom., Jacques *Bibics*, conseiller royal et préfet, et sa femme, née Marguerite *Tomian*, laissèrent, par testament du 31 déc. 1774, leur fortune pour une école secondaire, *où un corps enseignant catholique-romain enseigne la jeunesse hongroise*. Sur ce legs fut élevé à Arad, de 1869 à 1873, un nouveau bâtiment pour le lycée catholique-romain et fut aussi payé le corps enseignant. En 1919, l'État *roumain confisqua tout simplement*, avec son appareillage et sa célèbre bibliothèque, ce lycée catholique-romain de fondation privée, figurant aujourd'hui encore au registre foncier comme propriété de la fondation Bibics, et y installa un lycée roumain de l'État, en spoliant de ses locaux et de son avoir cet institut cath.-rom. avec ses professeurs et ses 1100 élèves. Plus tard, il assigna à cet institut hongrois, comptant 150 ans d'existence et ne voulant pas disparaître, les locaux qu'il occupe aujourd'hui, pour lesquels il doit payer à la ville un loyer séparé. La paroisse adressa contre cette confiscation une protestation immédiate qu'elle répéta sous forme de mémorandum, resté depuis 3 ans sans réponse.

L'ancien et célèbre lycée cath.-rom. *Bibics* constituant une nécessité locale fut, dans ces conditions, contraint de continuer à fonctionner dans le local qui lui était assigné par grâce, contre payement d'un loyer. Au milieu d'innombrables vexations, il n'en poursuivit pas moins son fonctionnement dans les années scolaires 1919/20 et 1920/21. Depuis Noël 1921, cet institut est en butte à de mortelles atteintes.

Le 23 déc. 1921, l'avant-veille de Noël, Joan Petrovici, inspecteur de l'enseignement secondaire de la circonscription d'Arad, communiqua à la direction du lycée catholique-romain d'Arad, le décret, par lequel le sous-secretaire d'État Prie suspendait le fonctionnement du seul lycée de garçons d'Arad. Ce lycée était fréquenté par 1073 élèves, et, parmi ces derniers, l'autorité roumaine avait fait figurer 22 élèves dans un procès de „conspiration". En première instance, le tribunal militaire acquitta la plupart de ces enfants et n'en condamna que quelques-uns. Ceux qui avaient été condamnés uniquement pour une semaine ou deux, n'en appelèrent pas du jugement, à cause de la perte de temps. Les enfants condamnés à des peines plus sévères furent acquittés, en appel, par le tribunal militaire. Le décret du sous-secrétaire d'État s'appuie sur ce que les élèves de cet institut avaient pris part à la „conspiration", et que, parmi eux, se trouvait même le petit garçon d'Antoine Koltai, l'un des professeurs. Le fait que le tribunal militaire acquitta les enfants „conspirateurs" ne tranquillisa point le sous-secrétariat d'État roumain de l'Instruction Publique, mais

1. Il proscrivit à perpétuité du territoire de la Roumanie le professeur Antoine Koltai, car son fils avait été parmi les suspects. (Voilà le motif des „rapatriements" !)

2. Il exclut de toutes les écoles du pays 22 enfants accusés de „conspiration", malgré qu'ils eussent été acquittés;

3. Quant au lycée catholique-romain d'Arad, dont étaient élèves les enfants injustement soupçonnés de „conspiration" et acquittés par le tribunal, il le ferma tout simplement.

En même temps, l'autorité roumaine invita les élèves du lycée fermé à se faire inscrire au lycée roumain Moïse Nicoarei d'Arad, où elle reprit les professeurs du lycée catholique-romain fermé.

Le sous-secrétaire d'État Octavian Prie étant tombé sur ses entrefaites, le ministère, sur les instances incessantes des autorités ecclésiastiques et des parents intéressés, permit, le 19 février 1921, le fonctionnement ultérieur de l'école, après que la nombreuse jeunesse scolaire eut été privée pendant deux mois de tout enseignement. (Arad és Vidéke, 25 déc. et 21 févr. 1922.)

Le caractère public de ce lycée cath.-rom. fut, le 10 mai 1922, après le commencement des examens des élèves de la classe la plus haute, retiré, par le sous-secrétariat d'État de l'Instruction Publique de Roumanie, pour les motifs suivants: 1. Ce lycée ne possède pas de local convenable; 2. il n'a pas d'appareillage; 3. la paroisse n'a pas assez de ressources pour couvrir les dépenses matérielles et personnelles; 4. les professeurs n'ont pas les titres voulus et ainsi l'institut ne peut pas se trouver au niveau nécessaire. En même temps, les 1100 élèves du lycée furent envoyés au lycée roumain local pour y passer leurs examens, pour lesquels ils payent ensemble 550 mille lei comme taxe d'examen.

Il est vrai que le lycée cath.-rom., existant depuis un siècle et demi, n'a pas de bâtiment convenable, car le gouvernement roumain l'a confisqué de force, et celui où il se trouve actuellement lui a été alloué par l'Etat roumain (il est caractéristique, comme tendance, que la dédite de ce local pris en location a été donnée, pour le 15 juillet 1922, par la direction roumaine de cette ville hongroise). Il est vrai également qu'il n'a pas grand appareillage, car son célèbre et riche agencement a été illégitimement confisqué par l'Etat roumain. L'outillage, toutefois, qu'il s'est procuré dans ces trois dernières années n'a été jusqu'ici examiné par aucun délégué officiel roumain. Relativement à la question que la paroisse ne posséderait pas les ressources nécessaires pour entretenir cette école, la paroisse répond qu'elle dispose de l'impôt paroissial de 600 mille lei par an et des taxes scolaires, et qu'ainsi elle peut continuer à faire face aux dépenses, jusqu'à ce que, après le rétablissement des conditions normales, la fondation soit rendue à sa destination. Quant aux titres des professeurs, la vérité est que cet institut a 30 professeurs diplômés, dont les titres n'ont été jusqu'ici demandés, pour contrôle, par aucune autorité roumaine et, jusqu'ici non plus, le niveau de l'institut n'a été fixé par aucune enquête. Conformément à l'ordre supérieur, la direction de l'institut cath.-rom. invita les élèves à prendre leurs certificats et à se présenter aux examens privés du lycée roumain de l'État, mais aucun d'eux ne s'y présenta, et le directeur en fut rendu responsable. La paroisse et l'énêque cath.-rom. en ont appelé de cette disposition ayant un caractère de persécution évidente. (Aradi Közlöny, numéros des 12, 13 et 14 mai 1922.)

6. Le caractère public de trois autres lycées confessionnels a été supprimé par le gouvernement roumain.

Pour les motifs énumérés à propos du lycée cath.-rom. d'Arad, le sous-secrétarial roumain de l'Instruction Publique de Kolozsvar enleva au lycée unitaire de *Torda*, au lycée calviniste de *Deés* et au lycée cath.-rom. de *Déva* le caractère public et les dégrada au rang d'instituts privés. En même temps, il en avisa les directeurs d'envoyer les élèves hongrois passer leurs examens particuliers dans des lycées roumains de l'Etat désignés. La taxe d'examen particulier est de 500 lei par élève. (Keleti Ujság, 13 mai 1922.)

7. Fermeture des écoles confessionnelles.

A Nagyszeben, le lycée catholique-romain, autorisé par l'autorité épiscopale, fut tout bonnement fermé par la police. A Szamosujvár, l'école primaire supérieure catholique-romaine fut également fermée. A Gyulafehérvár, l'école catholique-romaine d'apprentis industriels fut interdite. (R. 10 II, 1921.)

Aux charbonnages de Lupény, fut fermée l'école catholique-romaine, comptant 700 élèves, et il ne fut pas permis d'ouvrir l'école calviniste de la localité. A l'école catholique-romaine se présentèrent les gendarmes, qui renvoyèrent les 700 enfants chez eux, en leur disant qu'ils ne leur était permis d'aller qu'à l'école roumaine de l'État. (Numéro censuré du 1er X, 1920 du journal Ellenzék.)

8. L'usage de la langue par les écoles confessionnelles est limité et réglementé.

Josif *Moldovan*, inspecteur des écoles à Arad, prévint le consistoire israélite d'Arad, en tant que patron d'école, que, dans les écoles juives d'Arad, il était interdit d'enseigner en hongrois, car, aux termes des décrets en vigueur, l'enseignement ne peut avoir lieu, dans les écoles juives, que dans la langue de la minorité nationale juive, c'est-à-dire en hébreu ou en jargon juif, ou en langue roumaine, et que, par conséquent, il ne pouvait tolérer que l'on continue à enseigner en hongrois. Comme les israélites d'Arad ne savent ni l'hébreu, ni le jargon juif, il sont forcés de n'enseigner qu'en roumain dans leurs écoles aux termes des „décrets en vigueur". (Numéro censuré du 24 I, 1922, du journal Aradi Friss Ujság.),

A Nagyvárad, (où, en 1910, se trouvaient, sur 64,169 habitants, 58,421 Hongrois et 3604 Roumains, et où, d'après la statistique roumaine de 1921, se trouvent 44,000 Hongrois et 8100 Roumains, Pierre *Groza*, ministre de Transylvanie, fit une visite le 11 sept. 1921 et reçut, à cette occasion, les représentants des Eglises. Avec la permission du censeur roumain I. Cuco, le journal „Nagyváradi Napló" reproduisit dans son numéro du 13 sept. 1921, des extraits des discours prononcés devant le ministre.

Extrait du discours prononcé, au nom de tous les cultes, par l'archiprêtre catholique-romain Zoltán S. *Imrik*: „Un décret particulièrement vexatoire est celui qui dernièrement prive les parents de la liberté individuelle de pouvoir choisir eux-mêmes l'école où ils veulent faire enseigner leurs enfants. Ce décret foule aux pieds le droit divin, assuré dans les traités internationaux. D'après le décret du préfet *Jakob*, les élèves des différentes religions ne peuvent être inscrits que dans les écoles confessionnelles du culte qu'ils professent. Aux termes de ce décret, p. ex., les élèves juifs ne peuvent plus fréquenter le lycée catholique-romain. Par contre, les enfants chrétiens, désirant fréquenter l'école réale, sont contraints par l'autorité politique à apprendre l'hébreu dans la seule école réale qui est entretenue par la communauté juive. Il faudrait que les élèves chrétiens fussent dispensés de la langue hébraïque. Une vexation à l'adresse particulière des catholiques est que, à la désolation des âmes pieuses, se trouve interdit le fonctionnement du cercle des apprentis, des congrégations de Marie, etc., associations fondées dans un but purement religieux".

Le grand-rabbin Léopold *Kecskeméti* présenta séparément les plaintes du culte juif: „Nous sommes des juifs anciennement hongrois, passés sous le régime roumain; nous sommes des juifs de langue maternelle hongroise, qui jusqu'ici n'avons pas réussi à nous faire comprendre. Le gouvernement roumain nous traite comme nation juive. Il existe des juifs nationalistes, mais nous ne le sommes pas. Notre langue est le hongrois et c'est pourquoi nous avons l'âme oppressée par le décret des autorités scolaires prescrivant que les écoles juives ne peuvent enseigner qu'en hébreu et que les enfants juifs de langue hongroise ne peuvent fréquenter d'autres écoles hongroises confessionnelles. Monsieur le Ministre! Nous apprenons la langue de l'État, non seulement sous la contrainte des circonstances; nous l'apprenons aussi par déférence envers l'État, mais notre langue maternelle est le hongrois. Ce n'est pas pour les Hongrois que nous y tenons, mais pour nous-mêmes; le hongrois est, en effet, notre langue d'Église, notre langue religieuse".

Imre *Fábián*, chanoine-prémontré, demanda que la propriété de l'Ordre fut exemptée de l'expropriation, le revenu de cette propriété étant affecté par l'Ordre exclusivement à des buts ecclésiastiques et intellectuels et que, sans lui, il ne pourrait pas continuer à entretenir ses écoles.

Par sa décision, communiquée le 15 mars 1921 sous le No. 188/1921 et sanctionnée par le gouvernement, la commission administrative du comitat de *Szatmár* prescrivit dans 26 communes la langue allemande comme langue d'enseignement à l'école catholique-romaine. La prière de l'évêque catholique-romain de Szatmár, de consulter les fidèles entretenant l'école, fut rejetée.

L'école luthérienne de *Szemlak* fut fermée par le réviseur pour le motif que la langue d'enseignement y était le hongrois. (R. 2, II, 1921.)

9. Décret sur la langue d'enseignement des écoles confessionnelles.

Dans son décret du 4 mars 1922, Joan *Mateo*, sous-secrétaire d'État, invoquant le Traité conclu à Paris le 9 déc. 1919 au sujet de la *Protection des Minorités*, prescrit que, suivant le désir du consistoire israélite, la langue d'enseignement des écoles confessionnelles juives soit 1. *ou seulement le roumain*, 2. *ou seulement l'hébreu*, éventuellement le jargon juif. A partir du 1er septembre 1922, le hongrois et l'allemand sont inderdits, même comme langues auxiliaires, dans les écoles confessionnelles juives. Au sujet de ce décret, Dezső *Sebestyén*, directeur de l'école israélite néologue de Kolozsvár, dit: Si le hongrois est notre langue maternelle, c'est un fait indépendant de notre volonté, dont nous ne sommes point responsables. Que nous tenons à cette langue, c'est naturel, car l'enseignement primaire ne peut pas s'imaginer dans une autre langue que la langue maternelle des enfants. (Ujság, 5 mai 1922.)

10. Les écoles confessionnelles hongroises ne peuvent pas être fréquentées par des éléves de langue maternelle hongroise appartenant à une autre religion.

Le docteur Georges *Pteanco*, inspecteur de l'enseignement secondaire à Nagyvárad, déclara qu'il ne tolérerait pas dans les écoles confessionnelles l'inscription d'élèves appartenant à une religion différente. (No. du 30, VIII, 1922 du journal Ellenzék.)

De concert avec l'inspecteur, le préfet publia également un décret en ce sens, qui, formulé en trois points, parut dans le numéro du 3 sept. 1921 du journal Nagyváradi Friss Ujság.

Le 30 août 1920, par sa circulaire No. 6535/920, le réviseur du comitat de *Szatmár*, invoquant le décret No. 24.017/919 du ministère de l'Instruction Publique, prescrivit que, sous peine des mesures les plus sévères, les directeurs des écoles confessionnelles catholiques-romaines ne s'avisent pas d'accepter des enfants de religion catholique-grecque astreints à l'enseignement obligatoire et habitant dans la commune ou dans les environs, mais qu'ils les adressent à l'école roumaine de l'État.

Certains réviseurs ne permettent pas que, à l'école calviniste, puissent se faire inscrire des enfants d'autre religion. C'est ainsi qu'à Mezőszengyel et à Mezőszakáll où le nombre des élèves ainsi inscrits n'était pas même de 30, l'école fut fermée. Pour la même raison, le réviseur du comitat de Hunyad n'autorisa pas l'école de Marosillye, mais, en même temps, il interdit à l'école catholique-romaine d'accueillir des élèves calvinistes. (R. 10, II. 1921.)

Les autorités (primpretors, primars, maires, gendarmes) opposent au fonctionnement des écoles calvinistes des obstacles de tout genre, en plusieurs endroits, tels que Lupény, Patakfalva, Csomakőrös, Székelyszenterzsébet, etc., les autorités communales forcent, moyennant une amende, les élèves calvinistes à fréquenter l'école de l'État. (R. 10. II, 1921.)

Par décret confidentiel, le réviseur du *comitat de Háromszék* enjoignit aux directeurs des écoles de l'État de faire remarquer à tous ceux qui étaient salariés par l'État (fonctionnaires, retraités, etc.), que, s'ils mettaient leurs enfants aux écoles confessionnelles, ils perdraient leur place ou leur pension. Il leur enjoignit aussi de surveiller l'attitude des membres du clergé et d'en rendre compte, si ceux-ci étaient hostiles aux écoles de l'État. (R. 10, II, 1921.)

Le 21 sept. 1921, l'inspecteur roumain de l'enseignement primaire du *comitat de Nagykükülló* émit le décret suivant: „Sont considérés comme ennemis de l'État les fonctionnaires hongrois qui mettent leurs enfants dans d'autres écoles que celles de l'État. Ils sont tenus de rendre compte des motifs de cette manière d'agir qui sera mentionnée au ministère. (Numéro censuré du 8 sept. 1921 du journal *Brassói Lapok.*)

11. La langue d'enseignement de la doctrine religieuse est limitée pour les cultes hongrois.

A *Mikóújfalu*, *Sepsibükkszád* et *Körösbánya*, les enfants de parents catholiques-romains qui, de grecs-orientaux, s'étaient, eux ou leurs ancêtres, convertis à la religion catholique-romaine, ne sont point autorisés à apprendre la doctrine de la religion catholique-romaine, mais seulement celle de la religion grecque-orientale. (R. 10, II, 1921.)

L'inspecteur roumain de l'enseignement secondaire de *Temesvár* ne permet qu'aux pasteurs luthériens désignés par lui d'enseigner la doctrine religieuse et c'est lui qui désigne aussi la langue d'enseignement. (R. 2, II, 1921.)

12. Destitution de 22 instituteurs d'écoles confessionnelles.

Par sa décision No 20.871/21, la commission administrative roumaine du *comitat de Szilágy* destitua 22 instituteurs hongrois d'écoles confessionnelles. Parmi ces instituteurs, 19 appartenaient à des écoles calvinistes et 3, à des écoles catholiques-romaines. Le motif de ces destitutions était qu'en 1920/21, ils n'avaient pas enseigné l'histoire et la géographie du pays, mais celles d'une nation étrangère. D'après la défense des instituteurs, ceux-ci avaient cependant enseigné l'histoire et la géographie de Roumanie et avaient à ce propos uniquement fait mention de leur rapport avec celles de Hongrie. Les livres d'enseignement incriminés étaient les mêmes que ceux alors en usage dans les écoles de l'État. (Brassói Lapok, 11 mai 1922.)

III.

Aux termes de l'article 11. du chapitre I du Traité du 9 déc. 1921 relatif à la protection des minorités, la Roumanie accorde aux Sicules et aux Saxons de Transylvanie, sous le contrôle de l'État, l'autonomie locale, en ce qui concerne les questions religieuses et d'enseignement.

Comment la Roumanie a accordé aux Sicules de Transylvanie l'autonomie ecclésiastique et scolaire.

Extrait du rapport, daté du 20 octobre 1920 et paru dans le numéro du 30 oct. 1920 de l'„Inquirer", sur le voyage d'étude accompli dans 105 communes de Transylvanie par la „*Commission Unitaire Américaine*", composée des membres suivants: Le *Rév. Sydney B. Snow*, Associate Minister of King's Chapel, Boston, le *Rév. Joel H. Metcalf Ph. D.* of the Unitarian Church Winchester, Mass. et *Mr. Edward B. Witte*, United States Nava reserve Flying Corps, of Buffalo:

1. Terreur exercée d'une manière permanente sur la population hongroise.

Les atrocités, ainsi que nous le dit à Bukarest l'ancien Président du Conseil, docteur *Vaïda-Voïvode*, étaient des actes de cruauté commis par la gendarmerie devenue brutale au cours de la guerre. Après avoir achevé notre voyage dans le pays, nous avons, toutefois, acquis la conviction que les atrocités font partie d'une politique préméditée, dont le but est de tenir dans un continuel état de terreur la population hongroise.

2. Obligation pour les réunions ecclésiastiques d'être sollicitées en langue roumaine et tenues en présence d'un censeur.

Ce n'est qu'en présence du censeur et après en avoir demandé spécialement la permission au préalable qu'il est possible de tenir des *réunions religieuses*. Dans le pays des Sicules, où, pour ainsi dire, personne ne sait le roumain, il en coûte des sommes énormes pour faire traduire la demande et couvrir les frais du censeur.

A *Dicsöszentmárton*, où nous avons passé plusieurs jours, personne ne put nous recevoir comme hôtes sans en avoir préalablement présenté la demande en langue roumaine dressée selon toutes les règles. A *Sepsiszentgyörgy*, fut refusée la demande en ce sens du curateur de la communauté unitaire. Dans la même ville, la demeure du surintendant du district unitaire fut l'object d'une perquisition domiciliaire pendant que nous soupions chez lui. (Rapport du Rév. S. B. Snow.)

3. Censure des sermons et prêches

A *Kézdivásárhely*, le pasteur calviniste fut sommé, par le sous-préfet du comitat et le commandant de la place, de célébrer un office divin le 4 mai 1920 en présentant, toutefois, à la censure préalable le prêche qui serait prononcé. (Rapport de l'Alliance Universelle Presbytérienne Calviniste.)

4. Persécution, incarcération des prêtres et pasteurs et des dirigeants ecclésiastiques.

Alexandre *Zoltán*, pasteur de *Homorodszentmárton*, fut arrêté sous l'inculpation d'avoir introduit dans son prêche une phrase dirigée contre le gouvernement. Après une semaine d'emprisonnement à Kolozsvár, il fut remis en liberté, sans que l'autorité judiciaire eût prononcé un jugement dans son affaire; il se trouve, cependant, sous surveillance de la police.

Joseph Ürmösi, pasteur de *Homorodszentpál*, fut arrêté sans qu'une accusation eut été formulée contre lui et il fut retenu, sans jugement, pendant quatre jours en prison.

Michel Katona, pasteur de *Sárd*, fut à plusieurs reprises chassé de son village. Trois semaines avant notre visite (le 23 mai), il avait été chassé d'un village voisin, où il était également pasteur de la communauté.

A *Abrudbánya*, furent arrêtés en même temps le pasteur unitaire et le pasteur luthérien, pour n'avoir pas dans leurs temples fait sonner les cloches en signe d'allégresse à l'occasion de l'entrée des Roumains à Budapest.

A *Csegez*, *André Bartók*, pasteur, fut arrêté pour n'avoir pas salué les gendarmes.

A *Lokod*, le pasteur fut arrêté sur la vague accusation d'avoir des „sentiments anti-roumains".

Coloman Székely, pasteur de *Sepsikőröspatak*, passa 65 jours en prison, parce qu'un journalier avait caché un fusil dans son grenier. Le chantre de la même communauté fut pris un dimanche matin et forcé de servir de cocher à des chasseurs roumains, tandis que c'eût été à lui de remplacer dans le temple le pasteur qui se trouvait alors en prison.

Alexandre Kiss, pasteur de *Kissolymos*, et *Louis Orbán*, pasteur d'*Újszékely*, furent arrêtés, pour avoir essayé, en vertu du décret épiscopal, de créer une école confessionnelle. Pendant qu'ils étaient retenus en prison à *Segesvár*, les soldats roumains leur prirent tout ce qu'ils avaient de précieux et ils ne purent jamais le ravoir. Ainsi que nous l'avons appris, c'est là une habitude générale chez les Roumains. Les deux pasteurs arrêtés furent contraints de vivre à Fogaras à leur propres frais.

A *Nyomál*, le pasteur, *Coloman Pethő*, se trouvait sous la surveillance de la police roumaine, lors de notre passage. De mai 1910 à Pâques 1920, tantôt il était chez lui, tantôt en prison, mais il ne lui était pas permis de prêcher. A Marosvásárhely, il fut retenu 24 heures à la morgue; puis, il fut dévalisé de tout ce qu'il avait. Après quatre semaines d'emprisonnement, les gendarmes Malos et Dobesio escroquèrent de sa femme, par des menaces, 1600 couronnes; il fut remis en liberté, mais arrêté de nouveau quinze jours plus tard. En leur administrant la bastonnade et en les faisant agenouiller sur des grains de maïs, on voulut forcer ses paroissiens à déposer contre leur pasteur. Comme il ne fut pas cité devant les tribunaux, l'affaire en resta là. (Rapport du Rév. S. B. Snow.)

Dominique Incze, curé de *Csíkszentgyörgy*, et *Antoine Nagy*, curé de *Csíkszentmárton*, furent menés à Nagyszeben par des soldats armés de baïonnettes sans aucune raison valable. On ne put les incriminer de rien et ils furent relâchés.

Ladislas Kacsó, curé de *Jobbágytelek*, fut mis en prison, où il fut retenu pendant plusieurs mois.

George Szabó, curé-archiprêtre de *Gyergyószentmiklós*, et *Joachim Görög*, curé et chanoine honoraire, furent retenus en prison pendant plusieurs jours sans aucun motif. (R. 10, II, 1921.)

A *Sepsiszentgyörgy*, après notre réunion tenue le 7 juin, c'est-à-dire après la cérémonie religieuse de caractère habituel dans toutes les paroisses visitées par nous, le maître d'école et les trois anciens de la réunion furent arrêtés sous l'inculpation de profiter de la réunion pour agiter contre le gouvernement. Lorsque, un mois plus tard, nous quittâmes la Transylvanie, ils étaient encore sous les verroux.

Nous avons entendu raconter beaucoup de cas, où l'arrestation soudaine fut suivie d'un long internement ou captivité sans jugement.

André Barabás, ancien assesseur de l'administration des tutelles, curateur principal du district unitaire de la région d'Udvarhely, et *Dominique Mátéffy*, ancien trésorier-général du comitat, furent arrêtés, pour avoir refusé de prêter le sermen roumain avant la signature du traité de paix. Un professeur du collège unitaire de *Székelykeresztur* fut, en décembre, soudainement arrêté avec plusieurs de ses élèves, car on trouva à redire aux expressions employées au cours d'une de leurs discussions scolaires. Ils furent tous conduits à *Kolozsvár*, où ils restèrent longtemps détenus.

Au début de l'occupation, beaucoup de Hongrois furent internés, mais, plus tard, les autoritées roumaine déclarèrent que les internés avaient tous été remis en liberté. Le 15 juin, nous recontrâmes à *Fogaras* un prêtre qui, la veille, avait visité, dans une ville du voisinage, 24 internés, dont il nous remit même la liste.

5. Bastonnade administrée aux ecclésiastiques, instituteurs, fidèles.

Les Roumains emploient la bastonnade selon leur caprice pour terroriser les Hongrois de Transylvanie.

En plusieurs cas nous avons parlé avec les victimes elles-mêmes. Certains furent bâtonnés parce qu'on avait trouvé des armes chez eux; d'autres, parce qu'on n'en avait pas trouvé et qu'on croyait ainsi probable qu'ils les cachaient.

Ils administrèrent 25 coups de plat de fusil au *chantre unitaire de Csegez*, parce qu'on ne trouva pas d'armes chez lui. Dans le même endroit, 8 ou 10 autres hommes furent également bâtonnés. Ils les bâtonnèrent sans aucune cause immédiate et seulement pour terroriser. A Homoródkarácsonyfalva, Dénes *Barabás*, conseiller de direction de l'Église unitaire de Transylvanie, vieillard sexagénaire, fut arrêté, conduit dans les terres de la commune, et là, battu avec les mains et à coups de crosse, et enfin relâché.

Coloman Kovács, avocat de *Sepsiszentgyörgy*, fut également arrêté de la même manière; à minuit, on entra dans sa cellule, on le fit lever, on lui administra la bastonnade et deux jours plus tard il fut relâché.

A *Kissolymos*, après l'office divin de la Pentecôte, la gendarmerie fit donner la bastonnade aux jeunes gens sur la place principale.

A *Székelykál*, où nous arrivâmes le 17 mai, *François Mátyás* avait reçu la bastonnade quelques jours auparavant.

Michel Szén, pasteur unitaire de *Datk*, fut bâtonné par une troupe de soldats faisant une réquisition.

A *Szentiványlaborfalva*, l'instituteur reçut la bastonnade.

A *Alsórákos*, le chantre de l'Église unitaire reçut la bastonnade, pour avoir résisté à des paysans roumains qui réquisitionnaient.

A *Bözödújfalu*, l'instituteur, personnellement connu de nous, était occupé à faire répéter une pièce de théâtre lorsque les gendarmes entrèrent et le frappèrent, aussi bien lui que les jeunes filles présentes, en en blessèrent deux grièvement.

A *Nyomád*, 12 hommes de la paroisse unitaire reçurent la bastonnade, pour n'avoir pas voulu déposer faussement contre leur pasteur. L'un d'eux fut si fortement frappé à l'oreille qu'il en eut le tympan de cassé.

A *Vadad*, 6 membres de la paroisse unitaire reçurent la bastonnade pour n'avoir pas déposé suivant le désir du gendarme. A Ikland, un membre de la paroisse unitaire reçut la bastonnade, pour avoir refusé de loger un gendarme.

A *Vargyas*, un unitaire reçut la bastonnade, pour ne pas avoir salué un gendarme.

A *Kénos*, un homme reçut la bastonnade, pour avoir adressé à un soldat la parole en hongrois.

Des bastonnades eurent lieu de même à *Okländ*, *Abásfalva*, *Székelyszentmiklós* et aussi à *Felsőrákos*, où deux personnes moururent de la bastonnade.

A *Szentgericze*, *Gabriel Gál*, caissier de la paroisse unitaire, fut tué par un officier roumain, pour lui avoir prétendu que l'un de ses soldats lui avait volé sa bourse qu'il avait retrouvée dans le pantalon du soldat. L'officier n'eut aucun ennui pour ce fait.

A *Ikland*, le curateur de la communauté unitaire, à qui nous parlâmes aussi personnellement, fut, pour avoir enfreint le réglement relatif à la distillation d'alcool, condamné par les gendarmes à recevoir 50 coups de bâton ou à boire un litre d'alcool. Le malheureux choisit la dernière alternative. Les gendarmes se firent un jeu cruel de ses tortures et firent danser le vieillard enivré. Deux mois plus tard encore, il était malade de la punition qu'il avait endurée.

A *Bölön*, on trouva un drapeau hongrois chez un jeune unitaire enrôlé, qui, pour cette raison, reçut la bastonnade jusqu'à ce qu'il en mourût. (Rapport du Rév. S. B. Snow.)

André Fóris, pasteur luthérien, fut, avant le service divin de la Saint-Sylvestre, arrêté par les gendarmes qui, après lui avoir administré la bastonnade, le conduisirent à Segesvár, d'où il fut relâché après quelques jours de jeûne. Comme il avait porté plainte auprès de l'autorité militaire de Nagyszeben, les gendarmes lui enlevèrent ses chevaux, sa voiture, sa vache, ses cochons et sa volaille, et enfin fauchèrent son blé encore vert. Lorsqu'il protesta, il fut de nouveau battu et ce n'est qu'après plusieures jours de prison, qu'il recouvra sa liberté.

Béla Kis, pasteur luthérien de *Bácsfalu*, fut également arrêté le 31 déc. 1919, en qualité de prêtre „hongrois". Il reçut la bastonnade. Lorsqu'il fut évanoui, on lui donna de tels coups de crosse de fusil dans le ventre, qu'il en eut une hernie, dont il mourut plus tard. (R. 2, II, 1921.)

François Biró curé de *Madéfalva*, fut battu parce que, la permission, au dire des journaux censurés, ayant été donnée de hisser le drapeau hongrois, il l'avait fait en une occasion. (R. 10, II, 1920.)

Louis Mihály, curé de *Mikoújfalva*, qui allait voir son frère emprisonné à Székelyudvarhely, y fut battu à la gare par les soldats à tel point qu'il dut être ramené chez lui en voiture. (R. 10, II, 1921.)

6. Confiscation d'écoles confessionnelles. Anciennement de nombreuses communautés construisirent elles-même leur bâtiment scolaire. Elles le cédèrent à l'État hongrois, tant qu'il y entretiendrait l'enseignement en langue hongroise ou jusqu'à ce que l'Église veuille reprendre en mains l'enseignement, en quel cas le bâtiment devrait lui être restitué. D'autres furent donnés en fermage à l'État. Le gouvernement roumain, en beaucoup de cas, ne respecta pas le droit de propriété. L'exemple le plus frappant en est ce que nous avons vu à *Csegez*, où le pope roumain quitta son propre presbytère pour venir habiter dans le bâtiment scolaire appartenant à l'Église unitaire et où il habite depuis lors gratuitement. Dans cette commune, il y a déjà un an que les enfants hongrois ne vont plus à l'école. (Rapport du Rév. S. B. Snow.)

Dans la commune de *Zágon*, l'Eglise unitaire entretenait dans son propre bâtiment scolaire une école pour 375 enfants. Les gendarmes se présentèrent chez Louis Antal, pasteur unitaire, et, sur ordre supérieur, saisirent de force, pour les buts d'une école roumaine d'État, l'école de l'Église. En même temps, ils publièrent dans la commune que les inscriptions obtenues jusque-là à l'école unitaire étaient invalides et que tous les parents devaient faire inscrire leurs enfants à l'école de l'État. (Numéro du 7 sept. 1921 du *Brassói Lapok*.)

Sous le No. 1921/920, le réviseur du comitat de Nagyküküllő ordonna que les bâtiments des écoles confessionnelles et les logements de chantre fussent évacués et remis avec tout leur appareillage et mobilier, au directeur de l'école de l'État avant le 25 déc. 1920, au plus tard. (R. 2, II, 1921.)

Les bâtiments scolaires représentant la propriété de la paroisse unitaire furent confisqués à *Magyarsáros* (Kisküküllő) et à Csegez (Torda-Aranyos) et remis à l'instituteur de l'État en octobre 1920. (R. 2, II, 1921.)

A *Küküllőszéplak*, l'instituteur nommé par l'évêque unitaire ne fut pas reconnu par les Roumains. Au moment de notre séjour dans cette commune, ce village n'avait pas d'école hongroise, car les Roumains avaient pris l'école calviniste. (Rapport du Rév. S. B. Snow.)

A *Sinfalva*, la paroisse ne peut se servir que d'une partie de son propre bâtiment scolaire et le logement de l'instituteur a été saisi sans indemnité par les Roumains. (Rapport du Rév. S. B. Snow.)

A *Újszentháromság* et à *Csíkfalva*, les gendarmes occupèrent un an la maison de l'instituteur sans payer de loyer. (Rapport du Rév. S. B. Snow.)

A *Vámosudvarhely*, le bâtiment d'école appartient à un organisme scolaire des confessions unitaire et calviniste et les Roumains s'en sont, sans aucune indemnité, emparés pour les buts de l'école de l'État. (Rapport du Rév. S. B. Snow.)

A *Gyergyóalfalu*, le primpretor ne laissa, dans le bâtiment appartenant à l'Église, qu'une salle pour l'école catholique-romaine ayant six classes. Il chassa également l'école primaire supérieure du bâtiment appartenant à l'Église. (Numéro du 30 nov. 1921 de l'Ellenzék.)

En sept. 1920, le réviseur du *comitat d'Udvarhely* ordonna que les bâtiments scolaires confessionels et les logements de chantre fussent, avec tout leur mobilier, remis au directeur de l'École du l'État avant le 25 déc. 1920. (R. 2, II, 1921.)

A *Homoródszentmárton*, le bâtiment scolaire de la commune unitaire, avec tout son mobilier, fut saisi de force par la gendarmerie le 17 sept. 1920. (R. 2, II, 1921.)

7. Fermeture d'écoles.

Dans la commune de *Székelyzsombor*, *Joseph Rozsonday*, pasteur luthérien hongrois, se mit à inscrire les enfants astreints à l'obligation scolaire. Les gendarmes se présentèrent à l'école et, invoquant un ordre supérieur, mirent les scellés sur le local de l'école. Ils firent savoir au pasteur que, s'il osait continuer les inscriptions, ils l'arrèteraient pour conduite hostile à l'État. (Numéro du 2 sept. 1921 de l'*Ellenzék*.)

A *Csíkszentmiklós* (Borzsova), le primpretor de Felcsik fit fermer l'école élémentaire catholique-roumaine, bien que, sous le No. 308050/930, le sous-secrétariat d'État lui eût accordé la permission de fonctionner. Le primpretor fit enlever même les bancs de l'école.

A *Csíkmádéfalva*, l'école catholique-roumaine fut interdite.

A *Nyárádremete*, l'ancienne école catholique-romaine fut interdite. (R. 10, II, 1921.)

Dans la commune de *Vadad* (comitat de Maros Torda), le primpretor (sous-préfet) de Nyárádszereda fit fermer, le 12 janv. 1921, l'ancienne école calviniste, sous le prétexte que l'école n'avait pas d'autorisation du sous-secrétariat d'État. (R. 10, II, 1921.)

La bâtiment scolaire, constituant la propriété de la paroisse unitaire, fut confiquée à *Homoródújfalu* et a *Désfalva*; dans cette dernière localité, le chantre fut également délogé et son logement fut remis à l'instituteur de l'État. Aux mois de nov. et déc. 1920, le primpretor fit fermer, sans indiquer aucun motif, les écoles confessionnelles unitaires de *Bencéd*, *Vámosfalva*, *Gyepes* et *Abásfalva*. (R. 2, II, 1921.)

8. Loyer exigé de l'Église pour les écoles lui appartenant.

Dans les communes de *Kálnok*, *Árkos*, *Bágyon*, *Vargyas*, *Recsenyéd*, *Homoródjánosfalva*, *Alsósiménfalva*, et *Homoródkarácsonyfalva*, il est perçu un loyer pour des bâtiments scolaires que la paroisse ou la commune a elle-même construits. A *Magyarszovát*, l'État hongrois fit construire le bâtiment sur le terrain de la paroisse et, sur les huit pièces, l'usage de deux fut seul permis, et le bâtiment entier fut offert en vente à la paroisse. A *Okland* également, c'est sur le terrain de la paroisse que l'État hongrois fit construire le bâtiment scolaire et maintenant un loyer est perçu de la paroisse pour l'usage du bâtiment scolaire. (Rapport du Rév. S. B. Snow.)

9. Écoles d'État données en location.

A *Torockó*, deux pièces furent désignées dans le bâtiment de l'ancienne école hongroise de l'État pour les 220 enfants de religion unitaire, une pièce fut remise aux enfants roumains et une pièce fut laissée vide. A *Csekefalva*, une seule pièce fut mise, dans le bâtiment de l'école, à la disposition de l'école; les autres furent fermées. Dans les communes de *Kiskede*, *Nagykede*, *Csekefalva*, *Gagy*, *Szentgerice*, *Felsórákos*, *Alsóboldogfalva* et *Nagyajta*, le gouvernement roumain perçoit un loyer des paroisses pour l'usage des bâtiments dans lesquels auparavant le gouvernement hongrois entretenait gratuitement des écoles.

10. Contrainte de fréquenter les écoles de l'État.

Extrait du *Rapport fait le 20 oct. 1920 par le Rév. Sydney B. Snow, sur le voyage d'étude en Transylvanie de la Commission Unitaire Américaine*: Avant l'occupation roumaine, les parents mettaient leurs enfants, soit aux écoles de l'État, soit aux écoles confessionnelles subventionnées par l'État. Les Roumains reprirent complètement les écoles de l'État, ils retirèrent toute subvention aux écoles confessionnelles. Les Hongrois de Transylvanie, toutefois, sont défiants envers les écoles de l'État roumain et cette défiance est fondée, car nous avons eu l'occasion de voir, p. ex., à Verespatak que l'instituteur de l'État roumain menait ses élèves hongrois à l'église grecque-orientale. Les Hongrois sentent que les écoles de l'État sont mises au service de la roumanisation et c'est pourquoi ils ont créé de nombreuses écoles confessionnelles.

Dans les villages sicules de *Csegez*, *Kissolymos*, *Újszékely* et *Szentábrahám*, la création d'écoles confessionnelles ne fut point autorisée et, dans ces trois dernières communes, les enfants furent envoyés de force à l'école de l'État.

A *Bodola* (Háromszék), le réviseur infligea une amende de 5 lei à tous les parents qui ne voulaient pas envoyer leurs enfants à l'école de l'État. Il interdit sévèrement de fréquenter les écoles confessionnelles. (R. 10 II, 1921.)

Dans la commune *d'Oltszem* (Háromszék), le primar de la commune convoqua, le 4 sept. 1921, les parents pour dresser la liste des enfants astreints à l'obligation scolaire. Ceux qui voulaient mettre leurs enfants à l'école confessionnelle furent réprimandés et menacés par lui. Le primar fit remarquer que les fontionnaires de l'État, les invalides, les retraités, qui mettraient leurs enfants à l'école confessionnelle, seraient destitués ou privés de leur retraite, et que la retraite touchée jusqu'ici devrait être restituée et qu'ils seraient traités comme des agitateurs hostiles à l'État. (Numéro censuré du 9 sept. 1921 du Brassói Lapok.)

Dans la commune *d'Ilyefalva*, en sept. 1921, la société officielle fondée pour prendre soin des orphelins de guerre fit, par la voie de l'Église, une quête et ensuite ajouta que „les secours en pain, vêtements, espèces, ne seraient distribués qu'à ceux, dont les enfants n'allaient pas aux écoles confessionnelles, mais à l'école de l'État". (Numéro du 24 sept. 1921 du Brassói Lapok.)

A *Sepsiszentgyörgy*, „l'Asile des Pauvres" construit, il y a plusieurs dizaines d'années, par le comitat de Háromszék, fut confisqué par l'autorité roumaine qui y placa 40 orphelins de guerre. Une partie d'entre eux y fut placée contre la volonté des parents sicules. Ces orphelins sicules sont contraints d'aller à l'école à langue d'enseignement roumaine. (Numéro du 26 févr. 1922 du *Brassói Lapok*.)

11. Interdiction aux communes de subventionner les écoles confessionnelles.

Le primpretor (sous-préfet) de *Gyergyó* interdit aux communes de subventionner des écoles catholiques-romaines. Il adressa aux communes un décret disant que: „Si à l'avenir les communes paient une subvention pour les écoles confessionnelles, cette conduite sera qualifiée d'hostile à l'État". (Numéro du 30 nov. 1921 de *l'Ellenzék*.)

12. Interdiction aux enfants d'autre religion de fréquenter les écoles confessionnelles.

Par décret No. 836/920, le réviseur du *comitat d'Udvarhely* interdit à l'école unitaire de *Székelykeresztúr* d'accepter des élèves d'autre religion. (R. 2, II, 1921.)

13. Restriction imposée à l'enseignement de la doctrine religieuse.

A *Mikóújfalu* et à *Sepsibükszád*, les enfants, dont les parents étaient supposés avoir anciennement appartenu à la religion grecque-orientale, n'eurent pas la permission d'apprendre la doctrine religieuse catholique-romaine et furent forcés d'aller à l'école de l'État. (R. 10, II, 1921.)

IV.

Aux termes du 3e alinéa de l'article du chapitre 1 du Traité du 9 déc. 1919 relatif à la protection des minorités, il ne sera édicté aucune restriction contre le libre usage par tout ressortissant roumain d'une langue quelconque soit dans les relations privées ou de commerce, soit en matière de religion, de presse, ou de publications de toute nature, soit dans les réunions publiques.

Droit des minorités de faire usage de leur langue.

1. La langue comme principal moyen de molestation.

Extrait du rapport, fait le 20 oct. 1920 par le Rév. Sydney B. Snow, sur le voyage en Transylvanie de la Commission Unitaire Américaine: Au nombre des épreuves que les Hongrois de Transylvanie subissent d'une manière permanente de la part d'une administration malveillante, les petites contrariétés, les piqûres d'épingle, les actes arbitraires d'une malveillante mesquinerie, ne sont pas les plus faciles à endurer.

Si la moitié seulement de la peine, que coûta à traduire en roumain, dans des endroits où personne ne comprend le roumain, les inscriptions et les enseignes hongroises, avait été appliquée à d'utiles mesures administratives, les Hongrois béniraient peut-être le nouveau régime. Cette roumanisation, forcée jusqu'à l'absurde, peut se remarquer dans le pays des Sicules, où, dans une contrée à population hongroise sans mélange, les avertissements placés aux passages à niveau des voies ferrées ont été soigneusement changés contre des avertissements en roumain.

Il existe de nos temples, où les membres de la paroisse ont été forcés de supprimer la célèbre devise unitaire: „Egy az Isten“ (Dieu est un).

Tout contact avec les autorités doit avoir lieu en langue roumaine. En juin, une demande traduite en roumain, présentée par l'évêque unitaire et dans laquelle celui-ci demandait la permission de tenir l'assemblée ecclésiastique ordinaire du mois d'août, fut rejetée, en faisant remarquer que, sur l'antique cachet épiscopal, les mots: „*Unitárius püspök*“ (évêque unitaire) devaient être changés.

A *Dicsőszentmárton*, où nous passâmes plusieurs jours, personne ne put nous recevoir comme hôtes, sans en avoir préalablement demandé l'autorisation dans une requête dressée en roumain selon toutes les règles.

Dans le pays des Sicules, où pour ainsi dire personne ne sait el roumain, les demandes, même pour les choses les plus futiles, doivent être présentées en langue roumaine; là, où les villages se trouvent être éloignés, la traduction des demandes est une charge vraiment onéreuse pour la population rurale. (Rapport du Rév. S. B. Snow).

2. Échange des enseignes de magasins et des plaques indiquant les noms des rues contre des enseignes et des plaques en langue roumaine.

A *Sepsiszentgyörgy*, ville de 8665 habitants, dont seulement 108 savent le roumain, le primar, docteur *Zakariás Crisan*, ordonna, sur l'ordre écrit du préfet, que, sur les enseignes de magasins figure en roumain non-seulement le genre de commerce et de la branche industrielle (ce qui, déjà en 1919, avait été exécuté en occasionnant de grands frais), mais que le nom de la firme elle-même doit être inscrit en premier lieu en roumain et, au cas où ce nom serait identique avec celui du propriétaire, il faut d'abord écrire en roumain le nom de baptême, puis le nom de famille et ensuite peut figurer le nom aussi en hongrois. Sous peine d'une amende de 10,000 lei, les artisans et commerçants sont tenus de „demander", par une requête écrite de leur propre main, le changement en ce sens du nom de leur firme. (R. 10, II, 1921.)

A Zilah, où sur 8062 habitants, il n'y a que 529 Roumains, le 25 juin 1919, parut sous la signature de „Capitan Emilian *Piso*" et au nom du „Commandantul Garnizoanei", le décret suivant:

„Aux termes du décret à ce sujet du Consiliul Dirigent, j'ordonne que:

„Les enseignes de magasins et de firmes privées se trouvant en langue hongroise soient retirées et remplacées, jusqu'au 10 juillet 1919 inclusivement, par des enseignes à inscription roumaine ou roumaine-hongroise". (Numéro du 10/27 juin 1919 du journal Szilágyság.)

Dans les villes hongroises, où il n'y a guère d'intellectuels roumains, l'exécution d'une telle mesure se heurta à de grandes difficultés. Les inscriptions des enseignes commandées ne furent peintes, sous l'effet de la terreur, que dans la langue roumaine que parlent les Roumains de Transylvanie. L'autorité ordonna alors de peindre de nouveau de nouvelles enseignes en roumain, rédigées exclusivement dans la langue roumaine de Bukarest. C'est ainsi que, par son décret du 18 nov. 1919, Jean *Robo*, maire d'*Arad*, ville où, sur 63,166 habitants, il se trouve 10,279 Roumains, constata les fautes de roumain faites dans ces enseignes et, pour cette raison, émit de nouveau l'ordre suivant:

„Me référant au contenu de mon avis, émis sous le No. 13,890/1919 au sujet des enseignes de magasins, j'invite les maisons de commerce, employant des enseignes défectueuses, à prendre, *en trois jours*, sous peine de châtiment, les mesures pour remplacer les enseignes défectueuses par des enseignes sans fautes". (Numéro 237 du 19 nov. 1919 du journal Arad et Vidéke.)

A *Brassó*, — où, sur 41,056 habitants, se trouvent 17,831 Hongrois, 11,286 Roumains et 10,841 Allemands, — sous le régime hongrois, dans le quartier roumain (Bolgárváros), où habitaient, toutefois, aussi des Hongrois, les noms des rues étaient indiqués seulement en roumain et, dans les autres parties de la ville, en hongrois-allemand-*roumain*, c'est-à-dire que les plaques indiquant les noms des rues étaient écrites en trois langues. Aujourd'hui, le nouvel État roumain ne tolère que des plaques en roumain. (Numéro 88 du 19 avril 1922 de l'Ellenzék.)

A *Déva*, où, sur 8654 habitants, il y a 2417 Roumains, le maire, Simion *Campean*, ordonna d'échanger *en huit jours* contre des enseignes à inscription roumaine toutes les enseignes étrangères hongroises. (Numéro 14 du 4 mai 1919 du Curierul Hunedoarei.)

A *Kézdivásárhely*, où, sur 6079 habitants, il n'y a que 50 personnes sachant le roumain, parvint également le décret d'après lequel les enseignes en langue étrangère doivent être échangés contre des enseignes en langue roumaine. (Numéro 52 du 29 juin 1919 du journal Székely Ujság, censuré par Georges *Coman*.)

A *Vajdahunyad*, où, sur 4520 habitants, il y a 1789 Roumains, *Mihali*, commandant de la garnison, émit le décret suivant: „A l'expiration du *quatrième* jour à compter à partir de la publication de notre présent ordre, aucune enseigne ou inscription ne peut exister en langue autre que le roumain. Toutes les autorités municipales et communales, tous les commerçants, etc., qui possèdent des enseignes ou des inscriptions, sont obligés de se conformer au présent ordre". (Affiche du 15 janvier 1919.)

A *Szatmár*, — où, sur 34,892 habitants, 986 individus parlent roumain, — par décret No. 243 du 22 avril 1920, le colonnel *Neago*, commandant de la garnison, et le lieutenant-colonel *Aslan*, commandant de la place, ordonnèrent que: toute enseigne de magasin, toute plaque indiquant le nom des rues, soit en roumain; — ils mirent avec une inexorable sévérité cet ordre à exécution. (Affiche.)

A *Csikszereda*, localité de 3591 habitants, dont seulement 44 savent le roumain, la police obligea les propriétaires de restaurants et de cafés à prendre des noms roumains et même elle désigna les gloires nationales roumaines, dont le nom devait être choisi. Le café Otthon, les restaurants Kossuth et de L'Europe furent punis chacun d'une amende de 1000 lei, car ils n'avaient pas fait faire pour le temps fixé les nouvelles enseignes roumaines. (Numéro du 30 sept. 1920 de l'Ellenzék).

A *Temesvár*, où, à l'occasion du recensement exécuté en janvier 1919 sous le contrôle du général français *Gambetta*, sur les 71,800 habitants de cette ville, il fut trouvé 6052 Roumains en regard de 41,979 Hongrois et de 20,342 Allemands, l'autorité roumaine fit enlever les anciennes plaques des rues et les fit remplacer par des plaques exclusivement en langue roumaine et portant les noms de personnalités roumaines. (Numéro du 19 sept. 1920 du Temesvári Hírlap).

3. Cours forcés de langue roumaine.

Dans son numéro du 5 août 1921, le journal „Romania Nona“ dit que le ministre de l'Instruction Publique Negulesco ordonna à 3000 instituteurs hongrois et allemands de Transylvanie de se rendre dans quatre villes désignées du royaume de Roumanie pour y suivre des cours de langue roumaine. Les instituteurs, menacés dans leurs moyens d'existence, se présentèrent ponctuellement aux endroits indiqués, où, toutefois, personne n'avait connaissance des cours prescrits. Il furent renvoyés de ville en ville, jusqu'à ce que, après tant de déboires, ils furent, affamés, en haillons et couverts de vermine, contraints de retourner un à un dans leur foyer.

4. Ceux qui ne savent pas bien le roumain ne peuvent pas même faire partie de la commission de réclamation pour les impôts.

A Kolozsvár, où, sur 60.808 habitants, il se trouve 7562 Roumains, la Chambre de Commerce et d'Industrie délégua, pour la représenter à la Commission de Réclamation des Impôts, Joseph *Hevesi*, président de la section industrielle de cette Chambre, mais le président de la commission refusa de l'y admettre, car il ne savait pas suffisamment le roumain. (Numéro du 3 fév. 1922 de l'Ellenzék.)

5. Usage exclusif de la langue roumaine dans les bureaux inférieurs.

Dans son numéro du 1er oct. 1921, le journal *Brassói Lapok* dit ceci: Dans ses affaires de toute nature, la population est obligée de faire usage de la langue roumaine et de présenter par écrit en roumain toutes ses demandes et ses plaintes même de la plus petite importance. Quelles incommodités, quels désagrements, quelles pertes d'argent, de temps et de fatigue, entraîne le fait que même le moindre contrat de location doive être présenté en roumain! Quelles recherches dans les lois et décrets de toute sorte exige pour tout citoyen le souci de ne pas les enfreindre dans les questions d'impôts, de taxes, de service militaire, de passeports, d'arrivée, de départ, de logement, d'affaires, etc., tandis que ces lois et décrets subissent chaque jour des modifications, et, pour comble, voilà l'intéressé obligé de se mettre à la recherche de quelqu'un qui traduise en roumain sa plainte, sa demande, sa déposition, etc., et qui l'accompagne comme interprête auprès des autorités, pour qu'il puisse la présenter conformément aux exigences. Les considérations politiques et humaines imposeraient strictement à tout fonctionnaire sérieux de faciliter aux citoyens l'accomplissement de leur devoir envers l'État.

Dans son numéro du 19 février 1922, le journal *Temesvári Hírlap* profère les plaintes suivantes: Il est onéreux et fatigant pour la population de devoir en général se servir d'une langue unique dans le contact avec les autorités. Quelque respect que nous ayons pour la langue de l'État, nous trouvons préjudiciable, ne fût-ce qu'au point de vue de la rapidité de la marche de l'affaire, que les actes se dressent uniquement en roumain et que les demandes soient aussi exigées exclusivement en cette langue. L'opiniâtreté des autorités à ne se servir que d'une seule langue va jusqu'au point que, même sur la porte des salles officielles, il est impossible de trouver une inscription en une autre langue. L'usage d'une seule langue pour les dénominations des rues est aussi très préjudiciable pour les habitants. (Numéro du 19 février 1922 du *Temesvári Hírlap.*)

Le ministre, docteur Aurèle *Cosma*, s'exprimait également de la manière suivante dans le discours-programme qu'il fit à *Temesvár* le 4 mars 1922: Je ne comprends pas pourquoi les Hongrois, les Allemands ou les Serbes ne pourraient pas faire usage de leur langue maternelle devant les autorités, et pourquoi ils ne pourraient pas rédiger leurs demandes officielles dans leur propre langue. (Numéro du 5 mars 1922 du *Temesvári Hírlap.*)

Dans son assemblée générale du 7 mai 1922, la *Chambre des avocats de Nagyvárad* constata que le public s'adresse en vain à la justice et ainsi se voit forcé de recourir à des *arbitres* ou à des rabbins. Elle constata aussi que la „sûreté de la Roumanie ne consiste pas en ce que les *juges débattent et jugent en roumain*, mais en ce que l'État donne à tous ses ressortissants de pouvoir exercer leurs droits". (Nagyvárad, 9 mai 1922.)

— Le *procureur roy. roumain de Kolozsvár* émit un décret contre ceux qui recourent aux tribunaux d'arbitres permis même par la loi, car ces derniers peuvent servir à prouver que la magistrature roumaine n'est pas à la hauteur de sa tâche. (Nagyvárad, 6 mai 1922.)

Le ministre de la Justice *Floresco* ordonna qu'à l'avenir *la langue hongroise ne pourrait plus même être employé dans les débats*, car la langue des tribunaux ne peut exclusivement être que le roumain. En conséquence, déjà depuis le 14 mai 1922, les débats au tribunal d'Arad ont lieu exclusivement en roumain. (Aradi Közlöny, 11 mai 1922.)

Le ministre *Floresco* déclara que „la connaissance de la langue roumaine est pour les juges plus nécessaire que de comprendre les parties en présence et de connaître les principes juridiques locaux". (Keleti Ujság, 14 mai 1922.)

Stoicano, le nouveau trésorier-général du comitat d'Udvarhely, (où, sur 124,173 habitants 2840 savent le roumain), prit possession de sa charge en disant: *„Je n'accepte aucune requête en hongrois et je ne tolère pas qu'il en soit accepté. Dans les bureaux je ne permets pas l'usage du hongrois"*. (Brassói Lapok, numéro 109 du 13 mai 1922.)

A la séance mensuelle de déc. 1921 de la Commission Administrative du *comitat d'Udvarhely*, où, sur 124,000 habitants, il ne se trouve en tout que 2840 Roumains, Dénes Elekes se plaignit de ce que, à l'occasion de la mise en vigueur des nouvelles lois fiscales, les avis les plus importants n'aient été publiés qu'en langue roumaine. Les fonctionnaires s'occupant de la préparation de l'exécution de ces nouvelles lois ne savent pas le hongrois et pour cette raison ne peuvent pas communiquer avec la population. (Numéro du 11 déc. 1921 du journal *Székely Hirek.*)

Le numéro du 12 juillet 1919 du journal „*Lugoser Zeitung*" publia la prière de la population au maire de la ville de *Lugos*, — où, sur 19,818 habitants, 6875 ont le hongrois, 6227 le roumain et 6151 l'allemand comme langue maternelle, — dans laquelle elle lui demanda, pour éviter les molestations inutiles et aggravées de punitions, de publier non pas exclusivement en roumain, mais dans les trois langues usitées, les décrets et avis de la municipalité. La population n'ayant pas encore eu l'occasion d'apprendre le roumain, espérait qu'il serait fait droit à cette modeste prière, qui aurait un meilleur sort que sa précédente requête dans la même question.

6. Il n'est pas permis aux employés de chemins de fer de répondre en hongrois.

Par circulaire No 46,481 1921, la direction des chemins de fer roumains, d'en vertu de la décision du conseil des ministres de Roumanie, sévèrement défendu qu'à l'avenir les portiers se servent dans les gares aussi de la langue hongroise pour annoncer le départ des trains. Désormais, le personnel des chemins de fer ne peut donner aux voyageurs des renseignements qu'en roumain, car autrement ils blesseraient le prestige et la dignité de la nation roumaine et donneraient à la Roumanie un caractère cosmopolite.

7. Les livres commerciaux doivent aussi être tenus en roumain.

Les commerçants et les entreprises commerciales reçurent l'avis que, à partir du 1er oct. 1921, ils ne peuvent tenir leurs livres de commerce qu'en langue roumaine. Sous le régime hongrois, tout le monde pouvait tenir ses livres dans n'importe laquelle des langues du pays. Les instituts financiers, coopératives et entreprises pouvaient librement tenir leurs livres en langue roumaine et ceux-ci étaient considérés par la loi sur le même pied que les livres tenus en hongrois ou en allemand. La Roumanie a défendu également que, dans leur correspondance d'affaires, les commerçants, artisans et entreprises se servent de papier à en-tête hongrois. L'attention de l'autorité roumaine a été poussée jusqu'à interdire l'emploi des vignettes en hongrois sur les marchandises. (R 2, II, 1921.)

Un décret paru en mai 1922 prescrit expressément que sur les vignettes, les étiquettes, etc. des produits industriels de Transylvanie *le texte ne peut être exclusivement qu'en roumain.* (Brassói Lapok, 8 mai 1922.)

8. Roumanisation des noms topographiques.

Après l'instauration du régime roumain, l'un des actes les plus importants du gouvernement, après la destitution des anciens fonctionnaires, fut de changer tous les anciens noms topographiques contre de nouveaux, dont l'emploi fut surveillé, même dans les conversations dans la rue, par les détectives de la police et de la Sigurantza, et les infractions à cette mesure furent considérées comme attentatoires à la sûreté de l'État et brutalement châtiées. Même pour le pays des Sicules, habité par une population homogène et exclusivement hongroise, il ne fut pas fait d'exception. C'est ainsi que, dans le comitat d'Udvarhely, p. ex., Joseph Máthé, secrétaire de canton de Bradesti (?), fut obligé d'afficher et de faire insérer dans les journaux l'avis suivant: Le droit de chasse sur les terres des communes de Satu-Mare, Tarnavita, Beclean, est mis en location. (Numéro du 22 fév. 1922 du journal Székely Hirek à Székelyudvarhely).

9. Les noms topographiques roumains et la presse quotidienne.

Les journaux et périodiques en langue hongroise ne peuvent, eux aussi, employer que les noms topographiques roumains improvisés à la hâte et d'une manière confuse; tout au plus leur est-il permis d'ajouter entre parenthèse l'ancien nom hongrois. Même dans leurs annonces, les journaux sont astreints à l'emploi des noms topographiques roumains, p. ex. Odorheiu (Székelyudvarhely), où, sur 10,244 habitants, 115 individus savent le roumain, St. Gheorghe (Sepsiszentgyörgy), où, sur 8665 habitants, il ne s'en trouve que 158 sachant le roumain, Targu-Mures (Marosvásárhely), où, sur 25,517 habitants, il y en a 1717 qui savent le roumain, etc.

10. Déclaration au parlement de l'unique représentant des deux millions de Hongrois sur la question de la langue.

Dans le premier discours qu'il tint au parlement roumain, le Dr. Georges *Bernády*, l'unique député des deux millions de Hongrois de Roumanie, dit ce qui suit, sans être contredit: „Par suite des mesures de jour en jour plus sévères au sujet de l'usage *exclusif* de la langue officielle de l'État, notre peuple, surtout dans les endroits où il se trouve en masses compactes, se trouvera en peu de temps dans une situation impossible dans toute l'acception du mot. Il ne peut payer les très importantes sommes demandées pour traduire ses demandes, ou bien il tombe entre les mains de maladroits traducteurs et alors non seulement on rejette sa demande, mais il a encore d'autres conséquences à subir. Les débats en justice deviennent toujours plus difficiles pour la même raison et parce qu'il n'y a qu'un très petit mombre de magistrats qui sachent notre langue maternelle. (Aradi Közlöny, 13 mai 1922.)

V.

Aux termes de *l'article 9 du chapitre I du Traité du 9 déc. 1919 relatif à la protection des minorités*, les minorités ethniques, de religion ou de langue jouiront du même traitement et des mêmes garanties en droit et en fait que les autres ressortissants roumains.

A) Roumanisation des écoles supérieures hongroises.

A) 1. Roumanisation de l'Université de Kolozsvár.

Le 7 avril 1919, le préfet de Kolozsvár invita le corps professoral de l'Université de cette ville à prêter serment de fidélité au roi de Roumanie Ferdinand Ier. Comme les professeurs n'étaient pas disposés à prêter le serment demandé, l'Université fut, par décret gouvernemental No 4 36/919, déclarée Université de l'État roumain, il ne fut permis aux professeurs que d'achever l'année scolaire. Au commencement de l'année scolaire 1919/20 s'ouvrit la nouvelle Université roumaine et les professeurs hongrois perdirent définitivement leur place. (Rappotr du recteur de l'Université de Kolozsvár).

Pour qu'on soit édifié sur le genre du procédé employé, nous reproduisons le procès-verbal dressé à ce propos par l'une des facultésde l'Université.

A) 1/a. Le 11 mai 1911 les professeurs de l'Université Hongroise des sciences de Kolozsvár sont invités à prêter serment de fidélité.

Procès-verbal de la 1ère séance extraordinaire du 11 mai 1919 de la faculté des sciences mathématiques et naturelles de l'Université Hongroise François Joseph de Kolozsvár.

Sont présents: Le Dr. Rodolphe *Fabinyi*, professeur régulier doyen de la faculté et président de la séance, les docteurs Jules *Szadeczky*, Frédéric *Riesz*, Étienne *Györffy*, Pierre *Pfeiffer*, Alfred *Haar*, professeurs réguliers, les docteurs Adalbert *Ruziczka*, Béla *Pogány*, Tiburce *Széki*, professeurs suppléants, et le docteur Adalbert *Pater*, maître de conférences.

Sont absents: le docteur Étienne *Apáthy*, professeur régulier, arrêté par l'armée d'occupation, et le Dr. Rodolphe *Orteay*, professeur suppléant, se trouvant en congé à Budapest, lesquels ne purent être convoqués.

Rédacteur du procès-verbal: le Dr. Albert *Pogány*, professeur suppléant.

1. Le doyen présidant constate, en vertu de la convocation, que tous les membres de la faculté ayant prêté le serment officiel et se troavant à Kolozsvár ont été régulièrement invités à la séance.

2. Le président donne connaissance de l'avis du recteur No 1483/919, par lequel, en communiquant la note No 700/919 du préfet roumain de Kolozsvár, il fait connaître le décret No 4335/1919 du

Université Hongroise de Kolozsvár confisquée par les Roumains.

Édifice central de l'Université Hongroise confisquée.

Bibliothèque de l'Université Hongroise confisquée.

D'après une photographie originale prise par un officier de l'Entente.

Fête nationale roumaine à Kolozsvár en 1920, à la statue du roi hongrois Mátyás.

Un colonel roumain est monté par une échelle sur la statue en bronze et, debout sur la main du roi, il prononce, un drapeau roumain à la main, un entraînant discours, à la fin duquel il crache au visage de la statue de l'illustre monarque du XVe siècle.

Consiliul Dirigent roumain de Nagyszeben, publié par celui-ci au sujet du serment officiel des professeurs de l'Université et dont voici la teneur:

A) 1/*b*. **Les professeurs de l'Université Hongroise de Kolozsvár prêteront immédiatement (le 12 mai 1919) le serment de fidélité, ou renonceront à tous les droits dont ils ont joui jusqu'ici.**

Consiliul Dirigent Roman Culterol si Instructiuni No. 4335/919 Publice. Sibiu 8—V. 919. Monsieur le préfet! Me référant à mon décret émis le 10 mars sous le No 2113 au sujet de la prestation de serment par MM. les professeurs de l'Université de Kolozsvár, je vous prie d'informer tous les professeurs réguliers et suppléants de l'Université qu'ils peuvent prêter immédiatement le serment de fidélité à Sa Majesté le roi Ferdinand Ier et au Conseil Dirigeant. Le refus de prêter serment sera considéré comme la renonciation à tous les droits existant jusqu'ici et, vis-à-vis de ces professeurs, le Conseil Dirigeant se considérera comme dégagé de toute obligation.

Pour que l'enseignement ne souffre pas, même dans le cas où les professeurs refuseraient de prêter serment, je vous informe que je permets leur fonctionnement ultérieur, — naturellement sous notre contrôle, — jusqu'à la fin du semestre d'été projeté par le Conseil de l'Université. Pendant la durée de leurs fonctions, ils toucheront régulièrement leurs appointements du Conseil Dirigeant.

Je vous prie de communiquer sans délai mon présent décret au Conseil de l'Université et à tout le Corps enseignant et de me faire connaître immédiatement le résultat pour que je puisse prendre mes mesures en conséquence.

A M. le préfet de la Ville de Kolozsvár, Kolozsvár. Signé: *Branisce*, ministre de l'Instruction Publique.

La note du préfet, Dr. Bálint *Porutiu*, était conçue dans les termes suivants:

A M. le Dr. Étienne Schneller, professeur à l'Université, Recteur Magnifique de l'Université Hongroise des Sciences de Kolozsvár, à Kolozsvár.

J'ai l'honneur de vous remettre ci-joint, en traduction authentique, le décret du Conseil Dirigeant de Nagyszeben, émis le 8 mai 1919 sous le No 4335/909, en vous priant de vouloir bien en communiquer immédiatement le contenu à MM. les professeurs réguliers et suppléants, de telle manière que la réponse à ce sujet me soit remise le 12 mai à 10[h] du matin au plus tard.

En même temps, j'ai l'honneur de vous informer que, dans la note qu'elle m'a adressée, le 23 mars de cette année, sous le No. 2113/919, la section des Cultes et de l'Instruction Publique du Conseil Dirigeant Roumain m'a fait espérer que les professeurs de l'Université qui prêteront le serment de fidélité au roi de Roumanie et au Conseil Dirigeant pourront continuer à jouir de leurs droits, pourvu que, dans un délai de deux ans à partir du jour de la prestation du serment, ils apprennent suffisamment la langue roumaine parlée et écrite pour pouvoir donner leurs cours en langue roumaine.

Portant cette circonstance à votre connaissance, je vous informe en même temps que, si, jusqu'au moment indiqué, je ne reçois, pour quelque motif que ce soit, aucune réponse, je prendrai immédiatement mes mesures.

Veuillez joindre à votre réponse la liste de MM. les professeurs de l'Université qui sont disposés à prêter serment et de les prier en même temps de se présenter pour la prestation de serment dans la grande salle de l'Université, le 12 mai courant.

Kolozsvár, le 9 mai 1919.

Signé: *Dr. Porutio.*

I. Après avoir donné connaisance du contenu de ces actes, le doyen présidant ajoute que, en raison de l'organisation de l'Université et du ressort autonome des facultés des sciences, la faculté est compétente pour se prononcer relativement à la question de principe de la proposition et que, vu les questions individuelles touchant les différents membres de la faculté, chacun de ces derniers doit nécessairement se prononcer séparément.

Il invite donc tous les membres présents de la faculté à exprimer leur opinion au sujet de la proposition et à vouloir bien émettre leur déclaration individuelle.

Après avoir pris acte de la proposition du doyen, et après l'avoir discutée, la faculté prend la décision suivante:

Décision.

A) 1/c. Quelle peut être la situation juridique de l'Université Hongroise de Kolozsvár jusqu'à la conclusion de la paix.

Considérant que, suivant le témoignage non seulement de la loi hongroise XIX de 1872 sur sa fondation, mais aussi de son passé déjà cinquantenaire, l'Université des Sciences François Joseph de Kolozsvár est Université de l'État hongrois et que, du chef de la souveraineté internationalement reconnue de l'État hongrois, elle conserve nécessairement ce caractère, tant que son appartenance politique n'est pas autrement réglée par un acte légal de l'État hongrois, seul compétent;

considérant, en outre, que la faculté des sciences mathématiques et naturelles de l'Université des Sciences François-Joseph de Kolozsvár n'a nullement connaissance que l'État hongrois aurait, au profit de n'importe qui et dans n'importe quel sens, renoncé aux droits souverains qu'elle possédait et exerçait jusqu'ici sur la faculté des sciences de Kolozsvár et que le royaume de Roumanie et le Conseil Dirigeant Roumain de Nagyszeben se disant agir en son nom n'ont pas le droit de s'autoriser d'un tel acte de renonciation et de cession de la part de l'Etat hongrois;

en conséquence, la faculté des sciences mathématiques et naturelles de l'Université des Sciences de Kolozsvár ne reconnaît pas comme légale la manière de voir ressortant de la note du Conseil Dirigeant Roumain de Nagyszeben, d'après laquelle l'Université de Kolozsvár serait Université de l'État roumain et l'Université et ses employés (professeurs) seraient soumis à l'État roumain, soit par la voie du Conseil Dirigeant de Nagyszeben, soit par la voie d'autres facteurs, mais, vu le fait que le siège de l'Université est occupé en ce moment militairement par un État étranger, à savoir par le royaume de Roumanie: l'Université et les employés de l'Université s'appuient, dans la question de leur situation légale sur des bases pouvant seules être prises en considération au point de vue juridique, à savoir, d'une part, sur le serment officiel que les professeurs de l'Université ont prêté sur la Constitution de l'État hongrois, lequel est actuellement aussi en vigueur, et sur la responsabilité, qui comme fonctionnaires publics, leur en incombe vis-à-vis de l'État hongrois, et,

A) 1/*d*. **Décisions de la convention internationale de la Haye de 1937, acceptée également par la Roumanie, sur les conditions juridiques de la puissance d'occupation et du territoire occupé.**

d'autre part, sur les stipulations internationales contenues dans la IVe et IIe convention (reconnues aussi en son temps par le royaume de Roumanie) des Conférences internationales de la paix de la Haye de 1899 et de 1907 réglant, au point de vue du droit international, les conditions de l'occupation militaire.

En effet, le réglement concernant les lois et coutumes de la guerre sur terre, fixé à la IIe conférence de la paix de la Haye, prescrit, dans son article 43, que la puissance occupante est obligée, *à moins d'empêchement absolu*, de maintenir les droits en vigueur dans le territoire occupé. De l'obligation de maintenir l'ancien droit, il s'ensuit que doivent être laissés dans leurs places les fonctionnaires nommés ou élus en vertu de l'ancien droit, ainsi que cette interprétation figure aussi expressément dans le protocole des débats de la Conférence. (Prot. partie III, p. 122.)

A quel point la convention de la Haye a voulu rendre strictement obligatoire pour la puissance occupante de maintenir l'ancien droit et ainsi les anciens fonctionnaires, c'est ce qui ressort du fait qu'elle ne permit de s'écarter de l'ancien droit qu'uniquement en cas *d'empêchement absolu* et non, comme il était primitivement projeté, en simple cas de besoin militaire. (Prot. part. III, 127.)

Conformément aux principes internationaux ci-dessus les instructions de droit international, publiées pour les officiers de l'armée française (Manuel de droit international à l'usage des officiers), disent expressément que:

La puissance occupante est tenue de s'abtenir d'inviter individuellement les employés à rester dans leur emploi et ne peut pas exiger d'eux une déclaration expresse de consentement, ni le serment. (Bonfils: Manuel de Droit des Gens. 1174.)

Enfin, l'article 45 de la convention de la Haye dit aussi qu'il est interdit de contraindre la population du territoire occupé de prêter serment à la puissance occupante.

En ce qui concerne l'ingérence dans les affaires de l'Université des Sciences de Kolozsvár, la convention de la Haye s'y oppose aussi par son article 56, d'après lequel la propriété des institutions destinées à l'enseignement et à la science, doivent être traitée comme propriété privée, même si ce sont des institutions de l'État.

Pour la propriété privée, existe le principe qu'elle est inviolable et ainsi les institutions universitaires, devant être traitées comme propriété privée, ne peuvent être enlevées à leur destination et toute ingérence dans leur direction est illégitime.

A) 1/e. Invoquant le droit international, la loyauté civique, et leur serment officiel, les professeurs de l'Université refusent unanimement de prêter serment.

En conséquence de ce qui précède, la faculté des sciences mathématiques et naturelles ne prend pas acte du fait du Conseil Dirigeant Roumain de Nagyszeben par lequel, en violant nos lois fondamentales et la situation légale garantie par le droit international, il s'efforce, en paralysant ainsi la mission de cette institution intéressant des milliers d'individus, d'exproprier cette Université hongroise éclose et épanouie au sein de l'État hongrois séculaire et appartenant, par sa création et son existence cinquantenaire, au nombre des institutions les plus nationales de Hongrie, et, s'appuyant sur les promesses solennelles que les représentants militaires des puissances de l'Entente ont faites à plusieurs reprises en assurant le fonctionnement régulier de l'Université, la faculté ne reconnait pas la spoliation de ses droits; elle déclare illégitime cette spoliation; elle proteste contre cette mesure et demande justice à la Conférence de la Paix.

En conséquence également de cette décision, les membres de notre faculté, conformément à leur honneur de citoyen hongrois et au serment qu'ils ont prêté comme fonctionnaires, refusent absolument de prêter sement à l'État roumain; ils déclarent en même temps qu'ils garderont, dans l'esprit de leur serment officiel à l'État de Hongrie, les fonctions qu'ils ont jusqu'ici exercées au nom de l'État hongrois, jusqu'à ce qu'ils ne soient pas autrement avisés par l'État hongrois, le seul autorisé à disposer de leur sort et de leurs obligations.

II. Après la publication de cette décision, le doyen présidant invite nominalement les membres de la faculté à se prononcer séparément au sujet du serment de fidélité mentionné dans la note du Conseil Dirigeant Roumain. Après ces déclarations, le président constate que la prestation de serment a été refusée par les docteurs Rodolphe *Fabinyi*, Jules *Szadeczky*, Frédéric *Riesz*, Étienne *Györffy*, Alfred *Haar*, Pierre *Pfeiffer*, Béla *Ruzicska* et Adalbert *Pogány*:

aucun ne s'est déclaré à prêter serment:

III. Comme la faculté considère comme appartenant à la compétence autonome des facultés des sciences de l'Université son attitude dans toute la question, elle exprime en même temps son désir que le conseil de l'Université se borne, en cette qualité, à ressembler les procès-verbaux des facultés et à les transmettre, en les accompagnant d'une courte note sans aucune déclaration et sans aucun commentaire.

IV. Une copie authentique du présent procès-verbal devra également être remise, sur leur demande, aux membres de la faculté.

Procès-verbal,

A) 1/f. L'un des procès-verbaux du 12 mai 1919 sur la confiscation violente de l'Université hongroise de Kolozsvár.

dressé à Kolozsvár le 12 mai 1919 à l'occasion de la remise de l'institut botanique, du jardin botanique et des collections botaniques de la Société Muséale de Transylvanie de l'Université Hongroise des Sciences François-Joseph et leur reprise par le Conseil Dirigeant de Nagyszeben.

Sont présents: de la part du Conseil Dirigeant roumain de Nagyszeben, le Dr. Alexandre *Borza* et M. Victor *Latio*; comme représentants de l'institut botanique de l'Université: le Dr. Étienne *Györffy*, Joseph *Pápay*, Élisabethe *Pákh*, assistants.

Le procès-verbal est rédigé par Victor *Latio*.

1. Aux institutions susmentionnées de l'Université des Sciences François-Joseph se présentent, de la part du Conseil Dirigeant de Nagyszeben (No. 4336/1919) le Dr. Alexandre *Borza* et Victor *Latio*. Ils informent le Dr. Etienne *Györffy*, directeur de l'institut botanique, etc., que le Conseil Dirigeant susdit reprend le même jour les instituts susmentionnés se trouvant sous sa direction. En conséquence, ils prient le directeur, comme employé de l'Université, de prendre acte du décret en question dudit Conseil Dirigeant et de remettre au délégué, Dr. Alexandre *Borza*, l'institut botanique avec son inventaire. En cas contraire, l'inventaire serait dressé d'office.

Le directeur Étienne *Györffy*, déclare que, en qualité de directeur de l'institut botanique de l'Université des Sciences François-Joseph de Kolozsvár, il ne peut reconnaître, comme autorité hiérarchique compétente, que la seule autorité de l'État hongrois, et qu'en conséquence, il n'est disposé à remettre l'institut que sur son ordre; qu'il proteste contre le décret illégal du Conseil Dirigeant Roumain de Nagyszeben; qu'il refuse la remise, ainsi que la coopération à cette remise.

Là dessus, le délégué, Dr. Alexandre *Borza*, déclare qu'il est ainsi obligé de faire usage de la force. Dans ce but, il appelle deux hommes de service de l'armée romaine d'occupation et, ceux-ci s'étant présentés et ayant touché l'épaule du directeur *Györffy*, ce dernier déclare céder à la force. Il remet l'institut et déclare qu'il n'accepte la responsabilité en ce qui concerne l'appareillage de l'institut que si la reprise suivant inventaire a lieu en sa présence. Ce procès-verbal a été dressé et signé en 2 (deux) exemplaires originaux.

C'est avec un procédé identique que s'est opérée, le 11 mai 1919, l'obligation pour les autres facultés de l'Université de prêter le serment de fidélité et la reprise par la force des autres institutions universitaires, le 12 mai 1919, c'est-à-dire deux ans avant que fût ratifié le document du Traité de paix prescrivant d'annexer la Transylvanie à la Roumanie.

A) 2. Roumanisation de l'Académie roy. de droit de Nagyvárad.

Le même cas se produisit à Nagyvárad, où l'Académie royale catholique de droit fut également déclarée Académie roumaine de droit de l'État. Comme le directeur et quelques professeurs de l'Académie prêtèrent le serment de fidélité demandé, on laissa ces derniers à leur poste et on leur permit de donner des cours en hongrois aux élèves de languematernelle hongroise, mais on obligea ces professeurs à étudier la langue roumaine. Les professeurs nouvellement nommés de nationalité roumaine enseignent en roumain et ainsi la roumanisation complète de cet institut d'éducation peut être considérée comme un fait accompli. (Rapport des professeurs réfugiés).

A) 3. Suppression de l'Académie calviniste de droit de Máramarossziget.

L'Académie Calviniste de Droit de Máramarossziget fut provisoirement laissée en fonctions. L'un après l'autre, toutefois, ses professeurs furent poursuivis sous différents prétextes, de telle sorte qu'ils furent contraints de s'en aller. Enfin, sous prétexte que les professeurs faisaient partie de conspirations anti-roumaines, le fonctionnement de l'institut fut interdit pour la fin de l'année scolaire 1919/20. Cette Académie a été transférée à Hódmezővásárhely. (Rapport du directeur de l'Académie.)

A) 4. Roumanisation de l'Académie d'Agriculture de Kolozsmonostor.

Comme l'Université, cet institut fut roumanisé au commencement de l'année scolaire 1919/20. Au bout de la ville, écrivait Lupo, député radical au parlement roumain, se trouvait l'École supérieure d'Agriculture hongroise avec des bâtiments, un appareillage et un fonctionnement, tels qu'il en existe peu au monde. Son corps enseignant était l'orgueil de la Transylvanie. Malheuresement, là aussi, le personnel fut remplacé par des professeurs roumains de capacité médiocre. (Numéro du 18 nov. 1920 du journal *Luptatorul*.)

A) 5. Refus d'autoriser l'Université hongroise interconfessionnelle.

Comme les étudiants hongrois de l'Université ne sachant pas le roumain étaient mis dans l'impossibilité de suivre leurs études aux écoles supérieures roumanisées, les cultes hongrois catholique-romain, calviniste, unitaire et luthérien, se mirent d'accord pour créer, avec l'appui matériel et moral de la société hongroise de Transylvanie, une Université hongroise à Kolozsvár. Ils firent part de cette intention au gouvernement roumain au printemps 1920. Le gouvernement roumain ne rejeta pas ouvertement cette demande, mais, sous des prétextes plus ou moins graves, il a fait jusqu'ici attendre son autorisation, en déclarant, toutefois, qu'à Kolozsvár il n'est point disposé à permettre de créer l'Université hongroise.

A) 6 Interdiction de l'école normale calviniste de professeurs d'enseignement secondaire de Kolozsvár.

En raison de ses lois, que, à l'occasion de la prestation de serment de l'évêque, sanctionna lui-même le roi de Roumanie, l'Église calviniste entretenait en son temps, en liaison avec la théologie calviniste, une école normale de professeurs qui, l'année précédente, comptait 157 étudiants. Le 6 oct. 1921, se présentèrent dans les locaux de cette école Pierre *Purutio*, professeur à l'Université, *Felikan*, chef de division au ministère, et un commissaire de police, qui apposèrent les scellés et montrèrent, relativement à la dissolution de l'école, un décret muni de la signature du sous-secrétaire d'État Prie. (Brassói Lapok, 10 X, 1921.)

A) 7 Confiscation de l'Académie de Commerce de Kolozsvár.

Bien qu'il eût créé à Kolozsvár une école de commerce séparée, l'État roumain confisqua cependant l'Académie de commerce de la Chambre de Commerce et d'Industrie de Kolozsvár. L'École supérieure de commerce de Kolozsvár fut fondée, en 1878, par quelques hommes de mérite (Sigismond *Gámán*, secrétaire de la Chambre de Commerce, Henri *Finály*, professeur à l'Université, Étienne *Bogdán*, président de la Société des Commerçants, Charles *Váradi*, inspecteur d'école, et Alexandre *Kiss*, professeur). Sur le terrain d'une étendue aujourd'hui de 5977 mètres carrés constituant la propriété privée de l'Académie de Commerce, 1462 mètres carrés seulement furent donnés en concession par la Ville, à condition que „l'institut fonctionne en langue d'enseignement hongroise; et que, si cet institut perdait ce caractère hongrois, la Ville aura le droit, moyennant remboursement de la valeur d'alors des bâtiments construits, de réclamer le terrain de l'Académie de Commerce et d'en reprendre le droit de propriété".

Cet institut n'eut jamais le caractère d'école de l'État. Ses professeurs ne bénéficièrent jamais des avantages revenant aux professeurs de l'État. Du reste, la preuve décisive du caractère privé de cet institut est la décision prise par la ville de Kolozsvár, le 28 mai 1880, sous le No. 113 (Assemblée générale, approuvée par le ministre hongrois des Cultes et de l'Instruction publique sous le numéro 29.630/880), d'après laquelle: „L'obligation d'entretien matériel de l'école supérieure de commerce de Kolozsvár, par la subvention de la Ville royale de Kolozsvár, du gouvernement et de la Société Commerciale de Kolozsvár, incombe à la Chambre de Commerce et d'Industrie de Kolozsvár. Si les besoins de cet institut ne pouvaient être couverts par la subvention du gouvernement et de la Ville royale de Kolozsvár, le déficit serait comblé par la Chambre de Commerce et d'Industrie de Kolozsvár, moyennant une contribution donnée par elle-même et par la Société Commerciale locale et par les taxes scolaires perçues des élèves, éventuellement per de bénévoles cotisations".

Sous prétexte que cet institut, de fondation privée et pourvu d'amples bâtiments et d'un riche appareillage, recevait une minime subvention de l'État hongrois, le gouvernement roumain le déclara tout simplement propriété de l'État et en fit un institut roumain. Si quelqu'un ose protester contre cette mesure, de suite se dresse l'accusation de bolchevisme, la suspicion de conspiration hongroise, la persécution et la déportation. (Numéro du 8 mai 1921 du journal Ellenzék.)

B) Mutilation et destruction des anciens et nouveaux monuments d'art historiques, statues, inscriptions, etc. hongrois.

B) 1. Mutilation et destruction des statues des personnages historiques et héros hongrois.

A *Marosvásárhely*, furent détruites les statues de François Rákóczy II, de Louis Kossuth et de Bem, général de honvéd en 1848/49. Dans son rapport, le Rév. B. Sydney Snow, secrétaire de la Commission Unitaire Américaine, dit ceci: „La destruction et la mutilation de monuments d'art nationaux accroit l'aigreur. A Marosvásárhely, furent détruites les statues de *Kossuth*, de *Petőfi*, le plus grand poète hongrois, ainsi que celles des héros nationaux *Rákóczy* et *Bem*. Ces destructions furent commises par la troupe pendant une nuit, où il fut interdit à la population de sortir dans la rue.

Le 28 nov. 1921, à *Kolozsvár*, sur l'ordre de la Ville, des ouvriers firent disparaître au ciseau les inscriptions hongroises et les armes de

Photographie prise en 1921 par un officier de l'Entente.

Fêtes nationales roumaines sur la statue du roi Mátyás à Kolozsvár.

La statue équestre du roi Mátyás constitue l'ornement de la grande place de Kolozsvár. C'est la seule statue monumentale de la Roumanie d'aujourd hui. La photographie ci-dessus montre que les nouveaux habitants roumains et l'armée roumaine de Kolozsvár ont l'habitude de tenir leurs fêtes nationales sur la statue même. Sur le haut de la statue se tient d'habitude l'orateur roumain, qui, après son discours, répète généralement que le roi Mátyás était aussi roumain et, à la plus grande joie du public roumain, soufflette l'effigie de ce grand roi du XVe siècle, en le traitant de renégat.

Sur le piédestal se voit l'inscription mutilée „Ma. y . . s" (au lieu de Mátyás). Tous les motifs de la statue ont été, du reste, dégradés.

Hongrie qui ornaient le piédestal de la statue du roi Mátyás, se dressant sur la grande place. (Numéro du 20 sept. 1921 du *Brassói Lapok.)*

Les statues de Kossuth furent partout détruites. De même, à *Arad*, *Nagyszalonta*, *Sepsiszentgyörgy*, *Máramarossziget*, etc., furent détruits tous les monuments des honvéds de 1848/49 et toutes les statues et colonnes rappelant la guerre de 1914/18.

B) 2. Destruction des plaques commémoratives et des statues de savants, poètes et artistes hongrois.

A *Déva*, fut détruit et brisé le tombeau de François *Dávid*, réformateur du XVIe siècle, apôtre en Transylvanie de la religion unitaire. A Szatmár, fut détruite la statue de François *Kölcsey*, poète hongrois de la première moitié du XIXe siècle. Quelques jours après la destruction de cette statue, la police trouva un matin, sur le piédestal mutilé, un bouquet de fleurs lié avec un ruban aux couleurs nationales hongroises. Comme la statue s'élevait devant le temple unitaire, elle en rejeta la responsabilité sur le pasteur unitaire, qui, pour cette cause, non seulement fut cité à la police, mais dut subir une perquisition domiciliaire et fut menaeé d'être envoyé devant le conseil de guerre. (R., le 21 oct. 1920.)

Le 15 mars 1922 au matin, des „auteurs inconnus" détruisirent à Nagybánya la statue du grand artiste dramatique hongrois Martin *Lendvay*. (Numéro du 20 mars 1922 de l'Ellenzék.)

A Kolozsvár furent détruites, dans le foyer du Théâtre National Hongrois, les statues des écrivains Joseph *Katona* et Gabriel *Döbrentey*.

VI.

Aux termes de l'*article 9 du chapitre I du Traité du 9 déc. 1919 relatif à la protection des minorités*, les minorités ethniques, de religion ou de langue, jouiront du même traitement et des mêmes garanties en droit et en fait que les autres ressortissants roumains.

Confiscation des institutions de culture sociale, ou suspension de leur fonctionnement.

1. Confiscation et fermeture du théâtre hongrois de Kolozsvár.

L'art dramatique hongrois en Transylvanie débuta en 1796, lorsque la Roumanie n'existait pas encore, puisque ce n'est qu'en 1856 qu'elle fut formée. Depuis 128 ans, au théâtre de Kolozsvár ne cessa jamais de retentir la langue hongroise, excepté à partir du 1er octobre 1919, où le gouvernement roumain s'empara de force de cette institution civilisatrice de fondation sociale particulièrement hongroise.

I/a. Le théâtre de Kolozsvár fut construit grâce à des souscriptions publiques, à des fondations privées et à un emprunt en banque.

C'est grâce à la générosité des seigneurs et des magnanimes citoyens de Transylvanie que fut créé le fonds du théâtre national de Kolozsvár; c'est sur ce fonds que fut construit, en 1821, le premier théâtre hongrois permanent. En 80 ans, l'édice du théâtre se dégrada et c'est sur le fonds toujours fonctionnant du théâtre national de Kolozsvár que fut construit le nouveau et superbe théâtre inauguré le 8 sept. 1906, que, le premier oct. 1919, les Roumains prirent de force et déclarèrent propriété de l'État roumain.

Les frais de construction de ce nouveau théâtre furent couverts par le prix de vente (140,000 couronnes) de l'ancien théâtre construit grâce aux cotisations publiques antérieures, par l'avoir du fonds du théâtre national de Kolozsvár et par le prix de vente des domaines et forêts de Szakatura, données par Alexandre *Kisfaludi* au fonds du théâtre. Les frais de construction, toutefois, ne furent point entièrement couverts par les sommes susdites; c'est pourquoi le fonds du théâtre prit un emprunt amortissable à la Banque Commerciale Hongroise de Pest, dont l'amortisation de 38,000 couronnes fut à la charge du directeur-fermier du théâtre, qui la couvrit sur le subside de 40,000 couronnes qu'il recevait de l'État comme subvention artistique pour ce théâtre. L'Etat n'avait donc avec le théâtre aucun lien immédiat; son seul lien consistait en ce que directeur-fermier touchait une subvention artistique annuelle.

I/b. D'après le registre foncier également, le théâtre de Kolozsvár appartient au fonds du théâtre.

Ce qui prouve de la manière la plus évidente que ce théâtre n'était pas propriété de l'État, c'est le registre foncier judiciaire du théâtre actuel, occupé par l'État roumain (Kolozsvár, 4867; 1426/4 — 1. Trencsénvár-tér, servant d'emplacement à un théâtre, territoire 579 toises carrées), d'après lequel, suivant la mention de la feuille de propriété, le 1er mars 1914, sous le 4375, la Ville de Kolozsvár cède gratuitement l'emplacement de l'édifice au fond du théâtre national de Kolozsvár, „tant que ce terrain sert effectivement à l'emplacement du théâtre et que le théâtre lui-même sert aux buts de l'art dramatique hongrois".

I/c. But de la confiscation du théâtre hongrois de Kolozsvár.

Le gouvernement roumain ne respecta point le caractère sacré de cette propriété de fondation sociale hongroise et d'origine indiscutablement privée, qui, pour son extérieur, son outillage et ses inposantes dimensions, était une institution sans rivale en ce genre dans toute la Roumanie et l'est même maintenant encore dans la Roumanie agrandie. Il la confisqua tout simplement et avec force de ses nouveaux ressortissants, qui, au prix de grands sacrifices, l'avaient maintenue pendant 128 ans. Le but évident en était de porter ainsi un coup mortel à l'art théâtral hongrois dans une ville où, sur 60.808 habitants, il ne se trouvait que 2562 individus de langue maternelle roumaine, habitant les quartiers excentriques, et de fournir à la culture roumaine, pour s'en parer aux yeux des étrangers, un palais magnifique pouvant faire accroire qu'il

Théâtre National Hongrois de Kolozsvár confisqué par les Roumains.

avait été créé grâce à la générosité roumaine et par amour de la culture roumaine.

1/d) Procédé de confiscation du théâtre hongrois de Kolozsvár.

La confiscation de cette propriété privée servant à un but artistique, se passa de la manière suivante:

Le 14 mai 1919, chez le docteur Eugène *Janovits*, directeur-fermier du théâtre, se présentèrent, au nom du Consiliul Dirigent roumain, le docteur Onisifor *Ghibo*, sous-secrétaire d'État au ministère des Cultes, et le docteur Vazul *Hosszu*, secrétaire-général de la municipalité, qui invitèrent le directeur-fermier à remettre comme propriété d'État au Consiliul Dirigent de Nagyszeben le théâtre National de Kolozsvár. Le directeur-fermier déclara qu'il n'était pas propriétaire du théâtre, mais que, en vertu du traité privé passé le 11 mars 1913 avec le Conseil d'Administration du Théâtre, — et non pas avec l'État, — il n'en était que le fermier et qu'ainsi il n'était pas autorisé à céder le théâtre. Néanmoins, le docteur Onisifor *Ghibo*, sous-secrétaire d'État, déclara qu'il reprenait le théâtre, — comme propriété de l'Etat, — et que, au nom du Consiliul Dirigent, il revêtait Constantin *Pavel* des droits du Conseil de direction hongrois du théâtre. La confiscation par l'État roumain du théâtre, existant depuis 128 ans et construit grâce à la générosité des Hongrois, s'opéra effectivement, toutefois, le 1er oct. 1919, où le docteur Bálint *Porutio*, préfet roumain de la ville de Kolozsvár, et le docteur Julian *Pop*, primar, se présentèrent au théâtre hongrois, où le préfet *Porutio* adressa directement au directeur-fermier, docteur Eugène *Janovits*, l'invitation suivante:

> Comme, suivant la disposition Consiliul Dirigent No. 5088/1819 et datée du 16 sept., le bâtiment du Théâtre National de Kolozsvár a passé dans la propre et immédiate administration de l'État, j'interdis, jusqu'à nouvel ordre, à partir du 1er octobre 1919, également en vertu du décret du 25 sept. 1919 ad No. 5088/1919 G. du Consiliul Dirigent, toute espèce de représentation dans le bâtiment du Théâtre National de Kolozsvár. J'invite en même temps M. le directeur, docteur Eugène Janovits, à prêter serment de fidélité, en quel cas lui sera réservée la place de directeur artistique du théâtre avec appointements annuels à fixer en vertu du point 22 du traité conclu à Kolozsvár le 11 mars 1913 avec le Conseil d'administration du théâtre et approuvé sous le No. 38,688 1913 par l'ancien ministre hongrois des Cultes et de l'Instruction publique. S'il refusait de prêter serment de fidélité, il serait considéré comme déchu de ses droits, assurés dans le point 22 du traité mentionné.

Le docteur Eugène *Janovits*, directeur-fermier, protesta contre cet acte de violence et contre la violation illégitime de son traité de droit privé. Relativement au serment de fidélité exigé, il déclara qu'il n'était pas fonctionnaire de l'État, mais seulement partie privée contractante, dont il était pour le moins étrange et inusité d'exiger une prestation spéciale de serment. Quant au sérieux de la proposition de la place de directeur artistique, il constata, avec l'assentiment tacite du préfet *Porutio*, que la place offerte était déjà remplie, puisque Zakariás *Barsán* était chargé de la direction artistique du drame et Constantin *Pavel*, de celle de l'opéra.

1 e) Dénouement de la confiscation du théâtre hongrois de Kolozsvár.

Au théâtre, élevé grâce à la générosité hongroise, la représentation hongroise d'adieu fut donnée le 30 sept. 1919, où l'on joua le „Hamlet" de Shakespeare. Après la représentation, le public ne voulait pas s'en aller de cet asile de la culture hongroise. On fit entrer au théâtre les soldats roumains, qui en expulsèrent le public hongrois éploré.

Dans cette ville importante d'ancienne culture hongroise et, à ce monent-là encore, purement hongroise, la Roumanie qui n'était alors que puissance occupatrice, permit seulement, *par grâce*, aux acteurs hongrois, spoliés de leur théâtre, de pouvoir donner des représentations au théâtre d'été, situé au bord de la ville, mais ils furent obligés de verser, soir par soir, à la caisse du théâtre roumain, 14% de la recette brute de la représentation et, pour ce motif, il ne leur fut permis de vendre que des billets officiellement munis au préalable du sceau du théâtre roumain.

Il faut encore ajouter que le directeur-fermier hongrois fut non seulement mis avec violence à la porte de son théâtre affermé par traité de droit privé, mais qu'on lui prit aussi ses décors et ses costumes de théâtre constituant sa propriété privée, pour les remettre aux acteurs roumains. Après de grandes démarches, il put avoir en prêt, pendant un certain temps, de représentation en représentation, quelques-uns de ses propres décors et costumes, mais dernièrement ce n'est plus que contre un prix spécial de location qu'il peut se procurer chaque soir, pour ses pièces, ce dont il a besoin sur ces objets qui, en réalité, lui appartiennent.

Même parmi les Roumains, il s'en trouve qui s'indignent de la barbarie employée contre l'art dramatique hongrois. C'est ainsi que dans le numéro du 1er mai 1920 du journal *Luptatorul* de Bukarest, Lupo, ancien ministre de l'Intérieur et député au Parlement roumain, condamne le procédé officiel roumain.

1 f) Sort d'autres théâtres hongrois.

A *Brassó*, existait un théâtre hongrois privé du nom d'Apollon, où se donnaient des représentations cinématographiques, et, à chaque saison, des représentation dramatiques hongroises. Il fut pris à son propriétaire.

A *Nagybánya*, le 25 juillet 1921, fut interdit le fonctionnement du théâtre hongrois qui fut cédé, sans aucun contre-service à une troupe dramatique roumaine de quatre membres et, quelques jours plus tard, les représentations hongroises furent définitivement interdites. (Numéro du 2 août 1921 du journal *Keleti Ujság*.)

A *Temesvár*, le théâtre hongrois brûla fortuitement. A *Arad*, les représentations furent interdites inopinément du jour au lendemain, car des artistes roumains allaient y jouer pendant plusieurs jours; d'autres fois, de la scène les acteurs sont appelés à la police sous différents prétextes (soirées de Lilly Por, de Jules Hegedüs). A *Nagyvárad*, le théâtre hongrois fut obligé de prendre un nom roumain; à cause d'acteurs roumains ambulants, les représentations hongroises y furent soudainement suspendues. A *Szatmár* et à *Máramarossziget*, des agents provocateurs amenèrent du trouble et les représentations hongroises furent interdites.

2 Saisie ou confiscation de collections scientifiques et littéraires.

Depuis 1859, fonctionnait à Kolozsvár le Musée de Transylvanie, l'unique société savante des Hongrois. En 1872, il remit par traité contre un prix de location à l'Université des sciences François-Joseph de Kolozsvár sa bibliothèque et ses collections d'antiquités et d'histoire naturelle. En même temps qu'il roumanisa l'Université, le gouvernement roumain confisqua aussi les collections de la société au profit de l'Université roumaine, mais n'en paya pas le prix de location, pas même sur la réclamation réitérée de la présidence de la société du musée. Il ne rendit pas non plus les collections. (Plainte adressée au gouvernement roumain par la présidence de la Société du musée.)

A Máramarossziget, un palais, contenant une bibliothèque, un musée, une salle de conférences et représentant une valeur d'un million de couronnes, était au service de la culture hongroise. Il fut confisqué et roumanisé sous prétexte qu'il appartenait au comitat et que le comitat était roumain.

Le statuts de la *Société des Carpathes de Transylvanie*, qui existe depuis 30 ans et entretient un musée ethnographique transylvain, ne furent pas approuvés (No. 35,628/921) par le sous-secrétariat de l'Intérieur de Kolozsvár, car la société n'avait pas indiqué qu'elle construit aussi des refuges dans les montagnes de Fogaras, de Brassó, de Radna, etc. Sous le No. 722/921 du 16 janv. 1922, le préfet, docteur *Metes*, invita cette société à fusionner avec la *Fratia Munteana*, société touristique roumaine fondée un an auparavant. Il est caractéristique que le gouvernement roumain n'oppose aucun obstacle au fonctionnement de la société saxonne des Carpathes de Transylvanie. (No. du 3. fév. 1922 de l'Ellenzék.)

Le *Musée des Reliques Historiques de 48 de Transylvanie* fut créé à Kolozsvár il y a plus de 30 ans. Le premier nov. 1922, le maire, imposé à Kolozsvár, donna l'ordre de placer, dans la galerie et au grenier d'une fabrique de textiles, les objets du Musée des Reliques. (Numéro du 3 sept. 1921 du journal *Ujság*.)

3 Molestation tendant à empêcher le fonctionnement des sociétés litteraires hongroises.

Dans son numéro du 25 déc. 1921, le journal *Temesvári Hirlap* annonce que la *Société Littéraire Arany János* de cette ville ne peut continuer son fonctionnement. L'autorisation nécessaire à ce fonctionnement fut refusée par le préfet, docteur *Cosma*, qui dit de renouveler plus tard cette demande. Le préfet *Dragalina* refusa la demande en disant de modifier les statuts. Lorsque ceux-ci eurent été modifiés, la nouvelle demande fut rejetée, en disant que les statuts devaient être présentés en deux exemplaires en langue roumaine. La demande suivante fut rejetée en disant que les statuts devaient être remis non pas en deux, mais en trois exemplaires. C'est ce qui fut fait. Alors la société fut invitée à présenter la liste de ses membres. Lorsque celle-ci eût été présentée, le refus s'appuya sur ce qu'elle contenait des membres de Yougoslavie et de Hongrie. La liste fut corrigée en ce sens. Elle fut alors rejetée en disant que cette liste devait être écrite de telle sorte qu'en roumain, le nom de baptême précédât le nom de famille. Il fut obtempéré à ce désir, mais alors le préfet Dragalina perdit sa place. Le docteur Nikolae *Imboane* lui succéda comme préfet; celui-ci rendit les écrits à une nouvelle députation en disant qu'il fallait introduire un nouveau point dans les statuts. Le point désiré y fut introduit. Très longtemps après, la mairie renvoya tous les écrits en disant qu'ils devaient être complétés, mais elle ne dit pas ce qui était désiré. Une nouvelle députation apprit que le désir du maire était que l'on fasse figurer dans les statuts les modalités d'admission des membres étrangers. Après qu'il eût été fait droit à ce désir, le maire dit qu'il enverrait la demande à la préfecture, et que, si le préfet le trouvait bon, il la transmettrait au gouvernement.

La *Société Littéraire et Artistique Kölcsey* d'Arad avait, en novembre 1921, présenté à l'approbation ses statuts qui, sur sa réclamation en février 1922, lui furent renvoyés avec la mention que les annexes en avaient été égarées. Sur sa nouvelle présentation, ils lui furent renvoyés vers la mi-avril 1922, parce que, entre autres, avait été présenté un ancien procès-verbal. Il est certain que, à cause de l'élaboration et de la défectueuse traduction des nombreuses demandes et annexes, ils seront, — à longs intervalles, — renvoyés encore plus d'une fois. (Keleti Ujság, 4 mai 1922.

4. Interdiction du fonctionnement des sociétés, d'agriculture; saisie de leurs locaux.

A la reprise de la souveraineté par la Roumanie, l'avoir de toutes les sociétés d'agriculture fut saisi et leur fonctionnement fut supprimé. La maison et l'avoir de la *Société d'Agriculture du comitat de Szolnok-Doboka* furent saisis le 18 juillet (No. 350/1920) par le préfet, docteur Barbul. Après de nombreuses démarches, la société, purement hongroise de fondation sociale et dont la fondation remonte à 45 ans, ne put ravoir ses biens le 16 janv. 1922 qu'en se résignant à ce que sa langue d'administration soit, à proportion égale, le hongrois et le roumain; que la présidence et le conseil d'administration soit composé à moitié de Roumains (15 membres) et que le sous-préfet et le conseiller agricole roumain du comitat soient d'office membres de la direction. Comme, au nombre des membres de la société ne figurèrent jamais des Roumains, car les membres avaient à payer une certaine taxe, le préfet s'en tira en nommant lui-même des Roumains comme membres de la présidence et du conseil d'administration. Les membres hongrois se bornèrent, en face de cette manière d'agir arbitraire, d'exprimer le désir que les membres nommés entrassent au moins dans la société comme membres ordinaires. *(Compte-rendu de la Société d'Agriculture du comitat de Szolnok-Doboka*, numéro du 20 janv. 1922. *Brassói Lapok*, numéro du 21 janv. 1922.)

Les *Brassói Lapok* rapportent dans leur numéro du 7 mai 1922 que: L'*Alliance Rurale* du comitat d'Udvarhely, copiée sur le modèle saxon, condamnée à l'inactivité, est en proie à une crise. Il semble que les sphères officielles roumaines *croient découvrir, dans tout mouvement hongrois*, même ne visant qu'à grouper des intérêts uniquement économiques et matériels, une attitude attentatoire à la sûreté de l'État, et, sinon ouvertement, mais par des lenteurs officielles se couvrant du manteau des lois, tâchent d'arriver à faire échouer toute initiative de la part des Hongrois de Transylvanie tendant à subvenir à leurs besoins d'existence. C'est là ce que nous fait croire la circonstance que l'*Alliance Rurale Sicule*, fondée dans un but exclusivement économique, ne peut exercer aucune fonction économique, car l'autorité ne le lui permet pas. Elle ne le lui permet pas, car, *depuis an an, ses statuts en souffrance au ministère* ne sont pas encore approuvés. C'est en vain que la présidence de l'Alliance invoque que, *si, en quarante jours, les statuts ne sont pas revenus*, l'Alliance peut commencer son fonctionnement, le forum inférieur ne lui permet pas même de tenir de séances, bien que la présidence en ait demandé *cinq fois* la permission à l'autorité.

Les locaux de la *Société d'Agriculture du comitat de Bihar* furent réquisitionnés. La société d'agriculture du comitat de Szatmár fut, nationalisée de force par le préfet, qui décida sa dissolution. Le préfet invita les cultivateurs à former une nouvelle société, mais personne ne se présenta pour en être membre. Les archives de la *Société d'Agriculture du comitat de Csik* furent saisies par l'autorité. (R. 2, II. 1921.)

5. Confiscation de l'avoir de la Société Hongroise de Culture de Transylvanie; confiscation de ses écoles et de ses bibliothèques populaires.

Les Hongrois de Transylvanie possèdent la florissante et riche „Société de Culture Hongroise de Transylvanie" (EMKE) existant depuis 1883. Après l'instauration de la souveraineté roumaine, son fonctionnement fut immédiatement interdit, tout son avoir et toutes ses bibliothèques populaires furent confisqués. Le ressort de l'instruction publique du ministre roumain de l'Instruction Publique émit le décret en ce sens le 22 oct. 1919, sous le No. 11,393. La direction s'adressa au ministre des Cultes *Goga*, en lui demandant de rendre les biens et de permettre la continuation du fonctionnement de la société. Goga promit de s'occuper de la demande de l'EMKE, qu'il trouvait juste. Un an s'est déjà écoulé depuis cette démarche; l'EMKE réitéra ensuite plusieurs fois sa demande auprès du gouvernement roumain, mais toujours en vain.

On confisqua à l'EMKE le domaine d'Algyógy, représentant une valeur de plusieurs milions de lei, que le donnateur, comte Kun Kocsárd, remit à la société à la condition d'y entretenir une école sicule d'agriculture. Cette école d'agriculture fut aussi confisquée et roumanisée. Furent également confisquées toutes les propriétés qui avaient été données par des bienfaiteurs pour des buts scolaires. 19 bâtiments d'écoles populaires furent confisqués, ainsi que 257 bibliothèques populaires, dans lesquelles se trouvaient en tout 300,000 volumes. (Numéro du 14 déc. 1921 du *Keleti Újság* et du 15 déc. 1921 de l'*Ellenzék*.)

6. Interdiction et confiscation des institutions et sociétés philanthropiques et de bienfaisance.

En janvier 1921, l'*orphelinat de garçons* fondé *à Sepsiszentgyörgy* sur les fondations du public, des Eglises, des communes et des instituts financiers hongrois et existant depuis plusieurs dizaines d'années fut placé sous l'administration roumaine par le préfet, qui ordonna que cet orphelinat fût remis avec tout son avoir à la Société d'Orphelins de Guerre, fondée à *Nagyszeben* par quelques dames roumaines. Il invoqua une loi portée à Jassi, mais non indiquée, d'après laquelle, dans la grande Roumanie, tous les orphelins sont placés sous la surveillance de la reine de Roumanie, et celui qui ne le reconnait pas commet un crime de „lèse-majesté". La direction hongroise réclama contre cette mesure, mais le préfet interdit d'envoyer cette réclamation à Bukarest. (R. 10, II, 1921.)

A *Resicabánya*, *l'Asile de la Société des dames luthériennes* fut confisqué par le primpretor qui prononça la dissolution de la société et confisqua son avoir. Il ordonna que, le 20 mai, le pasteur prenne part à la procession de l'Église grecque-orientale. Il prononça la dissolution de la *Société des Jeunes Filles Chrétiennes* et mit la *Troupe de Scoutistes Chrétiens* en demeure d'être dissoute ou de se joindre, suivant le décret No. 1929, aux troupes scoutistes de Bukarest. (R. II, 1921.)

Le préfet du *comitat de Beszterczenaszód* supprima le fonctionnement de la *Société des Dames* de ce comitat. Il confisqua son avoir au profit de la nouvelle société de ce genre à créer. Plus tard, il se montra disposé à permettre le fonctionnement de la société, si les Roumains y jouent un rôle prépondérant.

A *Kolozsvár*, furent confisqués: le *Fourneau Économique* (Mensa Academica) *des étudiants de l'Université*, également propriété privée, établie grâce à l'initiative sociale.

L'Asile des instituteurs, construit sur le fonds Eötvös des instituteurs hongrois.

L'*Institut des Sourds-muets et l'Institut des aveugles* dont seulement le terrain appartenait à l'État (R. 30, IX, 1920) et l'*École de la Société des dames de Transylvanie*, entretenue à Kolozsvár depuis 1882 avec l'appui de la Ville et de l'État. La confiscation fut opérée par le préfet *Metes* et l'inspecteur de l'enseignement industriel A. *Domide*, invoquant un décret ministériel; ils licencièrent également la direction de la Société des dames entretenant cette école. La comtesse Georges *Bethlen*, vice-présidente, protesta au nom de la direction. (Keleti Ujság, 8 nov. 1921.)

7. Interdiction du fonctionnement des sociétés de chant, de musique et de gymnastique.

Le Conservatoire de Musique de Kolozsvár fut interdit; son appareillage et ses partitions furent confisqués.

A *Brassó*, furent confisqués les locaux de la *Chorale hongroise* existant depuis 50 ans. (R. 30, I, IX, 1920.)

A *Csikszereda*, le fonctionnement ultérieur de la *Société de Chant et de Musique*, existant depuis 31 ans, fut interdit par le bureau de le *Siguranza*, qui invoqua le décret de l'inspectorat artistique, bien que ses statuts eussent été présentés, depuis un an déjà, au nouveau ministère roumain. (Numéro du 2 février 1922 du *Keleti Ujság.*)

Le ministre de l'Intérieur interdit le fonctionnement de l'ancien *Club athlétique d'Arad*, en disant qu'il n'avait pas encore eu le temps d'étudier ses statuts, soumis à son approbation depuis plusieurs mois. (Numéro du 18 février 1922 du journal *Arad és Vidéke.*)

8. Confiscation de cercles hogrois.

A *Beszterce*, les locaux du Casino Hongrois nommé „*Cercle de Beszterce*", fondé par les Hongrois, fut pris par les Roumains, d'où ils chassèrent les propriétaires légitimes, et lorsqu'une députation de quatre membres de la direction du cercle se présenta au préfet pour demander justice, ce dernier lui répondit entre autres que le Cercle de Beszterce était une fondation exclusivement hongroise, que ses bâtiments et ses autres biens provenaient des cotisations de la société hongroise de Beszterce et constitutaient un avoir purement hongrois. Lorsque la députation proposa une solution à l'amiable, où le casino roumain aurait repris les locaux du Cercle, le préfet répondit que les Roumains haïssent les Hongrois et ne veulent avec eux aucun arrangement à l'amiable de ce genre; qu'il était déjà décidé que l'avoir du Cercle de Beszterce serait pris de force à la bourgeoisie hongroise et qu'il n'y avait plus rien à faire. Les membres de la députation étaient Dominique *Kendeffy*, président du tribunal et juge à la cour de cassation en retraite, Béla *Nosskó*, curé-archiprêtre catholique-romain, le docteur Jean *Kriza*, assesseur à l'administration des tutelles, et le docteur Aladár *Benedek*, avocat, qui sont prêts en tout temps à confirmer l'exactitude des faits ci-dessus relatés. (R. 24, VII, 1920.)

VII.

Aux termes de l'*article 8* du *chapitre I du Traité du 9 déc. 1919 relatif à la protection des minorités*, tous les ressortissants roumains seront égaux devant la loi et jouiront des mêmes droits civils et politiques; la différence de religion, de croyance ou de confession ne devra nuire à aucun ressortissant roumain en ce qui concerne la jouissances des droits civils et politiques, notamment pour l'admission aux emplois publics, fonctions et honneurs.

Escamotage des droits politiques de la minorité hongroise.

1. Loi électorale transylvaine.

D'après la loi électorale transylvaine publiée par décret royal No. 2621/1919, (paru au numéro 103 du 26 août 1919 du *Monitorul Oficial*): Est électeur, pour les élections législatives, tout homme âgé de 25 ans révolus, et, pour les élections sénatoriales, tout homme âgé de plus de 40 ans; le suffrage est universel, égal, direct, secret et s'effectue par commune. Un député s'élit par toute circonscription électorale de 50,000 et fraction de plus de 30,000 habitants, et un sénateur, par toute circonscription de 100,000 et fraction de plus de 60,000 habitants.

2. Proportion fixée officiellement des électeurs de circonscriptions électorales à majorité roumaine et hongroise.

D'après les données communiquées dans les numéros 280 du 14 mars, 283 du 17 mars et 285 du 19 mars 1922 du journal officiel de l'Etat roumain, le *Monitorul Oficial*, le nombre des électeurs porté sur les listes électorales officielles, est, dans les circonscriptions électorales à population roumaine, à *Lugos*, p. ex., de 13,294, à *Facset* de 12,201, à *Karánsebes* de 12,361, à *Oravicza* de 12,214, à *Topánfalva* de 12,980, à *Petrozsény* de 10,630, à *Marosillye* de 9532; par contre, dans les circonscriptions à majorité hongroise, telles que *Temesvár*, (où suivant le recensement exécuté en 1919 sous le contrôle du général français Gambetta, il se trouva, sur 71,800 habitants, seulement 6052 Roumains, 41,979 Hongrois et 20,342 Allemands), ce nombre est de 4758; à *Kolozsvár* où, sur 60,808 habitants, il se trouve de 2562 Roumains et 50,704 Hongrois, ce nombre est de 5008; à *Arad*, où, sur 61,166 habitants il se trouve 10,270 Roumains et 46,085 Hongrois, ce nombre est dé 3700; dans la circonscription de *Marosvásárhely et environs*, il est de 2393; dans celle de *Csíkszereda et environs*, il est de 4998; dans la ville de *Brassó*, où les Hongrois au nombre de 17,831, sont en majorité relative en regard de 10,841 Allemands et 11,786 Roumains, 74 électeurs hongrois furent en tout portés sur la liste officielle.

Pour les élections sénatoriales, dans les circonscriptions à majorité roumaine, telles que dans celle de *Gyulafehérvár et environs*, le nombre des électeurs est de 14,060; dans celle de *Beszterce et environs*, de de 16,277; dans celle de *Segesvár et environs*, de 14,200; dans celle de *Csákova et environs*, de 17,373; dans celle *d'Ujarad et environs*, de 16,634; dans celle *d'Oravica et environs*, de 16,075. Par contre, dans les circonscriptions à majorité hongroise, telles que celle de *Temesvár et environs*, le nombre des électeurs est de 3214; dans celle de *Kolozsvár et environs*, de 2187; dans celle de *Nagykároly et environs*, de 6026; dans celle de *Marosvásárhely et environs*, de 6751; dans *celle d'Arad et environs*, de 3391.

3. Candidature aux troisièmes élections effectuées depuis 1919. — A l'exception d'un seul, tous les candidats hongrois ont été rejetés.

La loi prescrit que les candidatures soient présentées huit jours au moins avant les élections. Les présidents d'élection interprêtèrent, toutefois, cette prescription de telle manière qu'ils n'acceptèrent les candidatures que le dernier jour. Pour montrer le procédé employé dans la candidation, nous reproduisons ci-après les passages suivants du numéro 893 du 14 mars 1922 du journal quotidien roumain „Le Progrès", paraissant à Bukarest en langue française. Voici, en effet, ce que nous lisons dans ce journal:

„Le droit électoral des nationalités.

Par l'union avec l'Ardeal, près de deux millions de Hongrois sont devenus sujets roumains. Deux millions d'habitants allogènes, mais sujets loyaux, constituent certainement ce qui s'appelle une nationalité. La Roumanie nouvelle n'a d'ailleurs jamais escamoté la vérité et dans la nomenclature des provinces nouvellement réunies à la Roumanie, figure officiellement la mention aussi de: „Pays magyars".

Une nationalité englobée en territoire roumain a le droit absolu de participer à la vie politique du pays. Ce n'est pas seulement les traités que nous avons signés qui nous l'imposent. C'est l'intérêt de l'unité nationale, la tranquillité intérieure qui l'exigent impérieusement.

La politique électorale de M. Bratiano a abouti à ce résultat dangereux que ces deux millions d'habitants n'ont qu'un représentant, un seul représentant, le docteur Berardi. Seul ce spécimen unique a pu glisser entre les mailles du truquage électoral.

Il y a au coeur du plateau transylvain le noyau des Szeklers (Secui) où les Roumains ne se trouvent pas dans la proportion de

1 pour cent. Les Szeklers eux-mêmes, n'ont pas eu la permission d'avoir leurs représentants.

Pour arriver a ce résultat — gros de conséquences, quoi qu'en pense le parti libéral — on s'est livré à des subterfuges indignes d'un pays civilisé.

*

Quelques exemples :

Pour les comprendre, il faut savoir que la loi électorale de l'Ardeal attribue aux bureaux électoraux présidés d'ailleurs par des électeurs délégués de l'administration, le droit de vérification des candidatures au point de vue des formes extérieures. C'est ce pouvoir des bureaux électoraux, présidés cette fois-ci par des fonctionnaires, qui est devenu l'instrument arbitraire de l'élimination de toute candidature non agréée par le gouvernement.

Ainsi, dans une circonscription électorale purement magyare, le comte Béla *Wass*, ancien préfet, est porté candidat par la quasi unanimité des électeurs. Le bureau électoral a attendu la dernière minute pour se prononcer sur la validité incontestable de la candidature : il a pourtant trouvé le moyen de l'annuler purement et simplement, — oyez la raison — parce que le candidat avait démocratiquement signé „Béla Wass" alors que sur les listes son nom figurait avec le prédicat de „Comte Béla Wass".

Dans un pays et sous un régime qui n'admet pas les titres nobiliaires, annuler une candidature parce que le candidat s'est conformé aux prescriptions de la Constitution, c'est une énormité que seule un gouvernement Bratiano peut commettre.

Le Président de l'union magyare, le baron S. *Josika*, a vu sa candidature annulée pour une raison encore plus grotesque. Un journal de Bucarest ayant publié que le gouvernement avait repoussé une demande du baron Josika, le président du bureau électoral a carrémenett rayé le nom du candidat, sous le motif que sa candidature avait été repoussée par le gouvernement!

Le baron S. *Josika* est un vieillard que tout le monde respecte et estime. Ancien président de la Chambre des Seigneurs à Budapest, Grand-croix de la Couronne de Roumanie, il est le premier magnat qui, arrivé à Bucarest, est allé faire hommage de fidélité au Roi. Et c'est par cette stupide sérénité que le gouvernement a repoussé sa demande (demande qui n'avait absolument rien de personnel), qu'on l'empêche de solliciter le vote de ses concitoyens. C'est à nous faire montrer du doigt.

Dans la circonscription de Zalau la candidature de M. Emeric *Péchy* a été refusée par le président sous le prétexte que les signatures des électeurs qui présentaient le candidat étaient à deux encres différentes.

A Cojonca il s'est passé une scène burlesque qui fait le plus grand honneur au cynisme de ses auteurs. Le candidat Alexandre *Nagy* à peine entré dans le village, s'est vu appréhendé par les gendarmes, et on l'a détenu le temps nécessaire de faire couler les délais; au bout de deux heures et demie M. Nagy est mis en liberté et à son grand étonnement reçoit de toutes parts des félicitations. On lui annonce très cérémonieusement qu'il vient d'être nommé vice-président du bureau électoral! M. Nagy proteste, se démène, refuse avec la dernière énergie, l'officialité ne veut pas en démordre: il est et il restera vice-président du bureau. La raison de ces subites marques de considération était d'une simplicité élémentaire: le vice-président, tout comme le président du bureau électoral, sont inéligibles. Et M. Nagy est resté dans les grandeurs, mais dépouillé de la faculté d'être candidat. Il ne manque que la musique d'Offenbach.

A. Gheorgheni avait trouvé différents prétextes pour écarter les candidatures magyares de M. *Kassai*, directeur du Lycée et du pasteur réformé Charles *Takács*. Mais toute la science des bureaux était restée impuissante pour annuler la candidature de M. *Gyárfás*, ancien préfet, et de M. *Görög*, prêtre catholique. C'est alors qu'on a eu recours aux grands moyens. Le comité électoral central du département de Ciuc a tout tranquillement annulé des listes de la ville de Gheorgheni, toute la letre G. Son arrêté porte textuellement: „la lettre G“ des listes d'electeurs de la ville de Gheorgheni est déclarée nulle et sont exclus tous les électeurs inscritts à cette lettre du droit de prendre part aux élections!“ Ils étaient quatre-vingt.

A Satu-Mare la candidature de M. Charles *Kós* était présentée par 98 électeurs. Le président du bureau, un fonctionnaire des finances, a trouvé moyen de l'amputer de 50 noms, de façon a en réduire le nombre au dessous du quorum exigé par la loi. Comment peut-on arriver à des tours d'arithmétique de cette force-là? Tout simplement le président a effacé tous les „Alexandre“ — et ils étaient légion — qui avaient ortographié leurs noms „Aleksandre“ comme l'écrivent les gens du peuple; puis tous les „Stefan“ hongrois ont été rayés parce qu'ils n'avaient pas signé „István“ et tous les István parce qu'ils n'avaient pas signé „Stepan“. C'est avec de pareilles jongleries qu'on s'est moqué de tout un peuple. C'est honteux, trois fois honteux.

A Dicio San Martin l'arbitraire est allé beaucoup plus loin encore: les candidatures de M. Béla *Guido*, comme député, et M. Alexandre *Pekry*, comme sénateur, ont été acceptées par le bureau et enregistrées en dûe forme, mais le lendemain le préfet qui, dans l'espèce n'a aucune compétence, a tranquillement annulé les deux déclarations en offrant aux candidats un marché qu'ils ont refusé et savoir: qu'ils s'engageaient à voter à la Chambre avec le parti libéral, s'il ratifiait leurs candidatures.

*

Ces faits se sont multipliés dans toutes les circonscriptions. Est-il admissible qu'une fraction importante de ce qui est aujourd'hui le pays roumain ne puisse pas être représentée au Parlement quand ce ne serait que pour faire tomber les préjugés et pour apaiser les haines du passé?"

A *Csíkszereda*, le candidat, docteur Elemér *Gyárfás*, dut joindre à la feuille de candidation des certificats prouvant qu'il n'était ni atteint d'aliénation mentale, ni tenancier de maison de tolérance, ni incarcéré, ni sous tutelle. Trois feuilles de candidation ainsi dressées furent rejetées en un même jour. La première fut rejetée par le président *Ciurea* parce que, dit-il: „Il paraît que certains des signataires n'ont pas inscrit de leur propre main les noms des rues et les numéros. „Le motif du rejet de la deuxième feuille fut encore plus étrange. Gyárfás prouva avec pièces à l'appui qu'il avait prêté serment comme professeur à l'école de commerce, mais qu'il n'avait pas prêté serment comme avocat, parce que . . . il n'était pas avocat. Le président déclara que, d'après les renseignements de la Sigurantza, il n'était pas avocat parce qu'il n'avait pas voulu prêter serment. La troisième feuille fut rejetée sous le prétexte qu'elle n'était pas accompagnée de documents en nombre suffisant. Après lui, deux autres candidats furent encore rejetés à Csíkszereda.

Le rejet définitif d'Elemér *Gyárfás*, cependant, ne fut pas prononcé par le président Ciurea, mais par un autre. Comme Ciurea ne trouvait plus de prétexte pour la rejeter, il allait accepter la candidature lorsque survint le sous-préfet qui tira de sa poche un télégramme.

„Monsieur le président, lui dit-il, en raison de ce télégramme, vous êtes relevé de vos fonctions de président." De suite, se présenta alors un nouveau président, disposé à rejeter la demande de Gyárfás.

A *Gyergyószentmiklós*, on exigea également du chanoine catholique-romain Joachim *Görög* qu'il prouvât, avec pièces à l'appui, qu'il n'était ni atteint d'aliénation mentale, ni tenancier de maison de tolérance, ni incarcéré, ni sous tutelle. A la fin, le président prétendit qu'il n'était pas sur la liste. Il prouva alors son droit d'électeur. Là-dessus, le président dit que c'était par erreur qu'il était mis dans la liste, car, parmi les noms commençant par la lettre „G“, il y en avait un de plus qu'il ne fallait, et que ce nom superflu était sûrement celui du curé Görög. Ensuite fut remise la feuille de candidation de *Gáspár*, président de la Corporation Industrielle; la président des élections dit alors que, puisque son nom commençait aussi par la lettre „G“, il figurait certainement à tort dans la liste électorale. On remit ensuite la feuille de candidation d'Elemér Gyárfás, mais il fut répondu que, malgré le certificat, la Siguranţza savait qu'il n'avait pas droit d'électeur et qu'il n'avait pas non plus prêté serment. Alors la feuille de candidation du docteur *Péterffy*, avocat, puis celle du socialiste *Elekes* et enfin celle du docteur *Prekup*, candidat du parti nationaliste roumain, furent présentées par les électeurs hongrois. Elles furent toutes rejetées. L'une d'elles fut rejetée sous prétexte que le certificat de domicile du candidat n'était signé que par deux membres de l'administration communale, et non par trois. Là aussi, entretemps, fut destitué le président des élections; lorsqu'il ne pouvait plus trouver aucun prétexte, un monsieur se présenta et dit:

„Voici le télégramme. Monsieur le président, vous êtes congédié; *Dobrean* est le nouveau président“. (Numéro du 28 févr. 1922 du journal Keleti Ujság.)

Tel est le résultat qui fut atteint sur toute la ligne par la candidature de Hongrois; aussi, dans beaucoup d'endroits n'essayèrent-ils même pas de présenter un candidat. En tout, ce n'est que dans une seule circonscription hongroise que fut toléré un candidat hongrois, qui fut élu.

Après ces antécédents, dans les circonscriptions à majorité hongroise, les candidats du gouvernement furent, par les présidents d'élections, déclarés „*élus à l'unanimité*“.

VIII.

Aux termes des *articles 3, 4, 5 et 6 du chapitre I du Traité du 9 déc. 1919 relatif à la protection de minorités*, le droit de conserver, d'acquérir ou de choisir par option la nationalité est réglé par traité sous la garantie de la Société des Nations et toute loi, tout réglement, toute action officielle en contradiction ou en opposition avec ces stipulation ne peut prévaloir contre elles.

Proscription des fonctionnaires hongrois. Roumanisation forcée des villes. Expatriation de la population hongroise.

1. Opinions américaines sur la conduite et la déportation des fonctionnaires hongrois.

Extrait du rapport, fait le 20 oct. 1920 par le *Rév. Sydney B. Snow*, sur le voyage d'études en Transylvanie de la Commission Unitaire Américaine: Dès l'époque de l'occupation roumaine, le premier pas fut de renvoyer en Hongrie tous ceux qui étaient venus se fixer en Transylvanie depuis 1913. La deuxième mesure, visant les dirigeants hongrois, fut d'inviter tous ceux qui occupaiemt une position officielle quelconque à prêter le serment de fidélité de sujet du roi de Roumanie. La plupart s'y refusèrent, car, en janvier-février 1919, la Conférence de la Paix n'avait pas encore décidé du sort de la Transylvanie. *Le prince Sturdza qualifia de désertion cette conduite des fonctionnaires.* Il déclara qu'ultérieurement l'occasion leur avait été fournie de s'obliger, par simple serment, uniquement à remplir convenablement leurs fonctions officielles. *Aprés étude approfondie, nous nous sommes convaincus que le prince avait été informé d'une manière erronée. La proposition provint de l'autre part. Les fonctionnaires hongrois proposèrent un serment de ce genre,* mais le docteur Jules Maniu, la plus haute autorité*

* Le 15 janvier 1919, une députation composée du docteur Émile *Grandpierre*, président du tribunal, du docteur Joseph *Papp*, gouverneur du comitat, du docteur Gáspár *Menyhárt*, professeur a l'Université, du docteur Eugène *Kertész* avocat, et de Louis *Jordáki*, délégué du parti démocrate-socialiste, conféra pendant quatre heures avec Jules Maniu, président du Consiliul Dirigent, dans le but de solutionner la question des fonctionnaires de telle manière que fussent ménagés les sentiments moraux et les droits des fonctionnaires, tout en assurant convenablement les intérêts de la puissance occupatrice. Le lendemain, 16 janvier, le docteur Émile Grandpierre, président du tribunal, reçut l'avis que le Consiliul Dirigent „*A cause d'importantes considérations*

civile d'alors de tout le pays, ne l'accepta point. Le résultat en fut, ainsi que les Roumains l'avaient prévu, le déclenchement d'un puissant mouvement d'émigration, que suivit immédiatement et qu'avait même précédé l'envahissement des villes et communes de Transylvanie par des fonctionnaires roumains de Transylvanie et de Roumanie, nommés à la hâte. A *Fogaras*, p. ex., où nous arrivâmes en juin, c'est à un millier que s'élevait le nombre de ceux qui avaient été proscrits d'une manière ou de l'autre. Lorsque nous arrivâmes en Transylvanie, *le temps des premières déportations en masse était déjà passé*, mais l'émigration se poursuivait régulièrement *sous la contrainte des conditions* régnantes sous le régime roumain. Le 8 juillet, nous rencontrâmes à *Püspökfürdo* des wagons de marchandises transportant des familles de Torda, qui se plaignirent en pleurant d'avoir dû promettre par serment de ne jamais plus remettre les pieds en Transylvanie".

Le cas le plus émouvant de déportation que nous ayons eu l'occasion d'observer fut, cependant, celui qui se produisit en mai, pendant que nous étions à *Kolozsvár*. Les Roumains avaient occupé alors *l'institut* créé et entretenu grâce à une fondation privée pour les *Sourds-muets et Aveugles* Hongrois. Les enfants transylvains furent renvoyés chez eux; ceux qui étaient nés en Hongrie, — au nombre de 15, — reçurent un pain de 5 kilos par tête et furent envoyés à la frontière en wagon à bestiaux. Un médecin qui voulait accompagner ces enfants ne put en obtenir la permission.

Un très grand nombre de Roumains inondèrent la Transylvanie dans les buts les plus divers. D'abord vinrent les familles des officiers, puis les nouveaux fonctionnaires, professeurs et instituteurs avec leurs familles, ensuite les marchands, au profit de qui furent réquisitionnés les magasins des Hongrois. (Rapport du Rév. S. B. Snow.)

2. Du 13 nov. 1918, date de la convention d'armistice de Belgrade, jusqu'au transfert de la Transylvanie à la Roumanie.

Le 6 déc. 1919, après la conclusion de la Convention d'Armistice de Belgrade du 13 nov. 1919, le docteur Étienne *Apáthy*, professeur à l'Université de Kolozsvár, fut chargé, par décision du Conseil des Ministres du gouvernement hongrois d'alors, de poursuivre, en qualité de haut-commissaire gouvernemental pour la Transylvanie, avec le commandement des troupes d'occupation, les négociations nécessaires pour l'exécution de la convention de Belgrade.

politiques, ne pouvait se départir de son exigence en ce qui concernait le serment officiel de fidélité à prêter à l'État roumain." Plus tard, Ernest *Dániel*, procureur à Gyulafehérvár, demanda au Consiliul Dirigent *la permission* qu'une petite députation de fonctionnaires puisse se rendre à Budapest pour obtenir du gouvernement hongrois que les fonctionnaires hongrois se trouvant en territoire occupé puissent être relevés de leur serment antérieur. En principe, la proposition fut acceptée par le Consiliul Dirigent, qui, toutefois, en refusa l'exécution pratique.

Le haut-commissariat fut immédiatement établi à Kolozsvár et, par la voie d'Albert Barta, alors ministre hongrois de la guerre, acquit du lieutenant-colonel *Vyx* l'assurance que les puissances associées ne permettraient pas aux troupes de Roumanie de franchir la ligne de la Maros, que la Convention de Belgrade avait désignée comme ligne de démarcation.

En vertu du point III de la Convention d'Armistice de Belgrade, les troupes associées avaient le droit, également au-delà de la ligne de démarcation fixée, d'occuper certains points stratégiques. C'est à ce titre que, le 24 déc. 1918, le général roumain *Neculcea* occupa Kolozsvár.

2/a) Paroles d'honneur du général français Berthelot et du général roumain Neculcea sur le respect de la convention d'armistice.

Le 31 déc. 1919, passa à Kolozsvár le général français *Berthelot*, commandant en chef de la partie orientale de l'armée balkanique des alliés, lequel, en réponse au discours de bienvenue, que, au nom des Hongrois, lui avait adressé le haut-commissaire gouvernemental Etienne Apáthy, dit ceci: "La France ne tolérera jamais que les opprimés — à ce qu'on en dit — deviennent des oppresseurs"; il ajouta que la paix serait basée en tout sur les principes de *Wilson*. Plus tard, au cours de son entretien d'une heure et demie dans son wagon de chemin de fer, il déclara de concert avec le général roumain *Neculcea*, devant Apáthy, — ce qu'ils voulurent confirmer par leur parole d'honneur, — qu'il n'opposeraient aucun obstacle à ses fonctions de haut-commissaire, car ils voulaient respecter complètement la Convention d'Armistique, et qu'ainsi les troupes royales roumaines ne pouvaient s'immiscer aux affaires d'administration. Il insista encore spécialement auprès du général *Neculcea* sur ce que, aux termes du traité d'armistice, l'administration civile, même dans le territoire occupé, restait aux mains du gouvernement hongrois et que les différents conseils nationaux roumains n'avaient pas le droit de se mêler de cette administration et que même le Consiliul Dirigent siégeant à Nagyszeben n'avait non plus nulle part, dans les territoires occupés, le droit de reprendre la souveraineté. La manière de voir, aussi bien du général Berthelot, que celle du général Neculcea, était expressément que, même malgré l'occupation, les biens de l'État hongrois restent en possession de l'État hongrois et qu'aucune institution hongroise d'État ne peut être déclarée propriété de l'État roumain, et que tout effort ou mesure en ce sens ne serait qu'un abus qu'il serait facile de faire cesser. Le général Berthelot prit congé d'Apáthy en lui disant: „Si vous avez besoin de moi, télégraphiez-moi et j'y serai".

2/b. Préparation du régime roumain.

Toutefois, après le départ du général français Berthelot, le général Neculcea, invoquant le décret du commandant en chef Mosoio, refusa, dès le 8 janv. 1920, tout contact officiel avec Apáthy, en tant que haut-commissaire gouvernemental. (D'après la description d'Etienne Apáthy: Új Magyar Szemle, — Nouvelle Revue Hongroise, — livraison de déc. 1920, p. 147.) Violant la Convention d'Armistice, les troupes roumaines occupèrent vers l'ouest des territoires toujours plus grands. Un jour, elles prélevèrent de 20 habitants de Kolozsvár 900,000 couronnes, car, dans la commune de Czigány (comitat de Szilágy), 9 soldats roumains étaient tombés en se battant contre les soldats hogrois qui, conformément aux instructions du haut-commissaire Apáthy, ne voulaient pas se retirer. La somme dut être payée dans les 48 heures. Le 11 janv. 1919, le haut-commissaire Étienne Apáthy fut arrêté sur l'ordre du commandement militaire roumani et envoyé en conseil de guerre sous l'inculpation de bolchevisme et d'agitation contre l'armée roumaine. Il comparut devant ce conseil de guerre en juillet 1920 et, par jugement du 27 juillet, il fut condamné à 5 ans de prison, mais le conseil supérieur de guerre de Bukarest l'acquitta complètement. Après son acquittement, il fut immédiatement interné et ce n'est qu'en octobre 1920, qu'il put être „rapatrié" dans la Hongrie mutilée. Après le départ de Transylvanie du général Berthelot, le gouvernement roumain se mit immédiatement à reprendre la souveraineté pour placer les négotiations de la paix devant un fait accompli, ce à quoi il réussit.

3. Epoque et mode de reprise du gouvernement par la souveraineté roumaine

Au mépris de la convention d'armistice de Belgrade du 13 nov. 1918, la loi-décret royale roumaine No 2671 du 11 déc. 1918 déclara définitivement à la Roumanie „la Transylvanie, le Banat et les parties de la Hongrie habitées par des Roumains". La loi-décret royale roumaine No 3632 du même jour investit le „Consilial Dirigent" du gouvernement de ces territoires. Le nouveau gouvernement nomma, le 14 janvier 1919, les préfets des différents comitats et, par le § 4 de la loi-décret No II du 24 janvier 1919, il „prononça la dissolution des corps constitués départementaux, municipaux et communaux ayant fonctionné jusqu'alors et suspendit l'autonomie départementale et communale". Les nouveaux préfets destituèrent sur-lechamp les anciens fonctionnaires hongrois et les chassèrent de force, car ceux-ci, invoquant la convention d'armistice de Belgrade et l'article 45 du chapitre III de la convention de la Haye, refusaient de prêter serment à la Roumanie.

3/a. Était-ce le serment de fidélité ou seulement une promesse solennelle que le gouvernement roumain exigea des fonctionnaires hongrois?

En regard des faits précédents généralement connus et sus en Roumanie, le gouvernement roumain, dans sa réponse officielle faite le 2 janv. 1922 aux plaintes concrètes en ce sens remises par le Conseil de la Société des Nations, remarque simplement que „en cas de non prestation de serment, elle demande une déclaration obligatoire relative à ce qu'ils continuent à remplir loyalement leurs devoirs, et que ceux qui ne le firent pas, et que, „quittant leurs places, ils se réfugièrent en Hongrie".

Pour empêcher toute déclaration ultérieure du gouvernement roumain pouvant prêter à des malentendus, nous reprodoisons ci-après en fac-similé les deux ordonnances du journal officiel (Gazetta Oficiala) No. 11 parues le 6/19 février 1919, dont l'une, No. 121/1919, du gouvernent roumain de la Justice, et l'autre, No. 931/1919, du gouvernement de l'Instruction Publique, présentent le texte du serment à prêter *sur-le-champ* et les dispositions relatives à la *destitution* immédiate des fonctionnaires refusant de prêter serment.

Ressort de la justice.

Décret

concernant les juges, avocats et notaires.

En vertu du Décret No 1 du 1er janv. 1919, j'ordonne ce qui suit:

§ 4. Tous les organes du service de la justice (juges, procureurs, avocats, notaires) sont tenus de prêter un nouveau serment officiel dans le texte ci-après:

„*Je jure sur le Dieu Tout-puissant que je serai fidèle au roi Ferdinand Ier et à l'État roumain; que je respecterai comme sacrés les lois du pays et les décrets et ordonnances du Consiliul Dirigent et que je remplirai consciencieusement et impartialement les fonctions qui me sont confiées et que je garderai le secret officiel. Que Dieu m'écoute et me vienne en aide*". Ce texte de serment doit être employé en tout cas où les lois, réglement ou décrets de n'importe quelle nature font mention du serment des fonctionnaires employés au service de la Justice.

§ 7. Tous ceux qui y sont invités et ne prêtent pas immédiatement le serment (promesse solennelle, voir la note ci-bas*, perdent leur place et l'Etat roumain ne reconnait pas leur droit à la retraite, tandis que les avocats, notaires et surnuméraires ne peuvent remplir de fonctions en cette qualité. La destitution de la charge, ou, pour les avocats, l'interdiction de pouvoir patrociner, doit être prononcée sans aucune formalité préalable, dès que s'apprend de refus de prêter serment.

Le présent décret entre en vigueur le jour de sa publication à la Gazeta Oficiala. No. 121. — Dr. *Aurèle Lazar*, chef du ressort de la Justice."

* *Note.* L'essence de la promesse solennelle est fixée ainsi par le § 5 du présent décret: „Ceux qui déclarent que le serment est contraire à leur conviction religieuse font, au lieu du serment, une promesse solennelle. Le texte de la promesse solennelle diffère du texte du serment en ce que, au lieu de la mention de Dieu, s'emploient les mois suivants: Je promets sur mon honneur et ma conscience", et la dernière phrase du texte du serment est supprimée.

Sibiiu, 6/19 Februarie 1919. Nr. 11.

GAZETA OFICIALĂ

PUBLICATĂ DE

CONSILIUL DIRIGENT AL TRANSILVANIEI, BANATULUI ȘI PĂRȚILOR ROMÂNEȘTI DIN UNGARIA.

Prețul abonamentului: pe un an 40 cor., pe șase luni 20 coroane, pe trei luni 10 coroane. Un exemplar 50 bani.	Pentru publicațiuni oficiale se va plăti o [illegible] pentru primele zece cuvinte, iar pentru următoarele zece cuvinte, sau mai puțin de zece cuvinte, câte 50 bani, afar[illegible] timbrul pentru chitanță și prețul exemplarelor dorite.	Pentru publicațiuni particulare se vor plăti câte 20 bani de fiecare centimetru pătrat la prima publicare, acordându-se la publicarea a doua o reducere de 10%, iar la publicarea a treia o reducere de 20%.

Redacția și administrația: Sibiiu, Strada Cisnădiei Nr. 4, etajul II, ușa 116.

Resortul justiției.

Ordonanță

referitoare la judecătorii, advocații, notarii publici.

Pe baza Decretului Nr. I. din 24 Ianuarie 1919 n. ordonez următoarele:

§. 4.

Toate organele judiciare (magistrații, procurorii, advocații, notarii publici) au să depună un nou jurământ oficios, după textul următor:

«Jur pe atotputernicul Dumnezeu de a fi credincios Regelui Ferdinand I. și Statului Român, de a respecta cu sfințenie legile Țării și decretele, ordonanțele Consiliului Dirigent, și de a îndeplini cu onoare, conștiință și nepărtinire funcțiunile ce îmi sunt încredințate și a păstră secretul oficios. Așa să 'mi ajute Dumnezeu».

Acest text de jurământ se va aplică în toate cazurile, în cari se face amintire de jurământul funcționarilor angajați la justiție, în legi, regulamente, sau ordonanțe de orice natură.

§. 7.

Aceia, care provocat fiind nu va depune imediat jurământul (declarația solemnă), își pierde oficiul. Drepturile lui la pensiune Statul Român nu le recunoaște, iar advocatul, notarul public și experții nu vor mai putea funcționa în această calitate a lor.

Destituirea din oficiu, respective interdicțiunea de a exercită profesiunea de advocat o voiu enunța-o fără orice procedură prealabilă, îndatăce voiu avea cunoștință despre denegarea jurământului.

Ordonanța de față intră în vigoare cu data publicării în «Gazeta Oficială».

Nr. 121

Dr. Aurel Lazar,
șeful resortului de justiție.

Resortul cultelor și al instrucțiunii publice.

Notă circulară

în chestiunea jurământului oficial al corpului didactic dela fostele școli de stat maghiare.

Aduc la cunoștința membrilor corpului didactic dela școlile de toate gradele, cari au aparținut statului unguresc și atârnau direct de ministerul de culte și instrucțiune publică din Budapesta, că pot depune jurământul de fidelitate către Majestatea Sa Regele Ferdinand I al României și către Consiliul Dirigent Român, până în 15/28 Februarie a. c. Textul jurământului este următorul: «Eu N. N. jur credință Regelui Ferdinand I al României și Consiliului Dirigent, că voiu ținea legile și ordonanțele țării, mă voiu supune superiorilor, voiu împlini datorințele împreunate cu oficiul meu cu punctualitate și conștiențiositate, voiu purtă grijă de binele țării și al cetățenilor și voiu păzi secretul oficial. Așa să-mi ajute Dumnezeu».

Toți aceia, cari vor face acest jurământ, se vor bucură de toate drepturile și beneficiile legale avute în cuprinsul statului unguresc.

Aceia însă, cari nu depun jurământul oficial, se consideră ca renunțați de bună voie la posturile ocupate, pierzând orice drept la salar, beneficii, sau pensie față de statul român. Unii ca aceștia nu vor fi primiți în nici o funcțiune din cuprinsul României.

Despre depunerea ori refuzarea jurământului oficial se va luă proces verbal, care va fi iscălit personal de cei autorizați și interesați.

Cei cari fac jurământul oficial, dar nu cunosc limba română, sunt obligați — în conformitate cu art. 9 din Decretul Nr. II al Consiliului Dirigent — să-și însușească limba română în grai și în scris în termin de 1 an.

În consecință, învit pe domnii prefecți și revizori școlari, să execute întocmai aceste măsuri, cu îndatorirea de a-mi înaintă rapoarte informative, însoțite de procesele verbale.

Sibiiu, 3/16 Februarie 1919.

Vasilie Goldiș,

Nr. 931 șeful resortului de culte și instrucțiune publică.

Ressort des Cultes et de l'Instruction Publique.

Note-circulaire

au sujet de la prestation officielle de serment des corps enseignant dans les anciennes écoles hongroises d'Etat.

Je porte à la connaissance des membres des corps enseignants des écoles de tout rang ayant appartenu à l'État hongrois et dépendant immédiatement du ministre des Cultes et de l'Instruction Publique de Budapest, qu'ils peuvent prêter serment de fidélité à Sa Majesté Ferdinand Ier, roi de Roumanie, et au Consiliul Dirigent Roumain jusqu'au 15/28 février de l'année courante. Le texte du serment est le suivant: „*Moi, un tel et un tel, je jure au roi de Roumanie Ferdinand Ier et au Consiliul Dirigent de respecter les lois et les décrets du pays, d'obéir à mes supérieurs, de remplir ponctuellement et consciencieusement les devoirs inhérents à ma charge, de veiller au bien de l'Etat et des citoyens et de garder le secret officiel. Que Dieu m'entende et me vienne en aide*".

Tous ceux qui prêtent ce serment jouiront de tous les droits et privilèges légaux, dont ils jouissaient de la part du gouvernement hongrois. Ceux, toutefois, qui ne prêtent pas le serment officiel, sont considérés comme démissionaires et perdent, vis-à-vis de l'Etat, tout droit à leurs traitements, faveurs et retraite. Aucun d'eux ne sera admis en Roumanie à aucun emploi.

La prestation, ou le refus de prestation du serment officiel, doit faire l'objet d'un procès-verbal, qui sera signé personnellement par les intéressés et les autorités.

Ceux qui prêtent le serment officiel, mais ne savent pas le roumain, sont obligés, aux termes du § 9 du Décret No. II du Consiliul Dirigent, de s'approprier en un an la langue roumaine verbalement et par écrit.

En conséquence, j'invite Messieurs les préfets et réviseurs scolaires à exécuter sur-le-champ ce décret, avec obligation de me soumettre leur avis avec les procès-verbaux. Nagyszeben, le 3/16 février 1919 No. 931. Signé: *Vasilie Goldis*, chef du ressort des Cultes et de l'Instruction Publique."

3. Terreur contre les fonctionnaires hongrois.

En mars 1919, les généraux *Mosoio* et *Panaitesco* ordonnèrent à tous les *journaux hongrois* de publier que, le 28 mars, avaient traversé *Máramarossziget* 11 hauts fonctionnaires (*Márkus*, directeur des chemins de fer de l'Etat, *Dózsa*, chef de section, etc.), qui étaient „conduits à la frontière" avec la permission d'emporter avec eux uniquement un petit bagage à la main. En même temps, les autorités roumaines leur ordonnèrent l'avance de trois mois faite sur leur payement par le gouvernement hongrois.

Sz. 4
1914

Nyilt rendelet.

Melynél fogva Gerő Könczey nak meghagyatik, hogy f. évi oct. hó 8 n reggeli 6 órakor igas kézi községi közmunka napszámba e városházánál megjelenni büntetés terhe alatti kötelmének ösmerje.

Hátszeg, 1919 évi octob. hó 7

rendőrkapitány.

Mesör Hátszeg. 2161

Sz. 4
1920

Ordin deschis

~~Nyilt rendelet.~~

Melynél fogva Dr. Gerő Könczea nak meghagyatik, hogy f. évi martie hó 5 n reggeli 6 órakor igas kézi községi közmunka napszámba e városházánál megjelenni büntetés terhe alatti kötelmének ösmerje.

Hátszeg, 1920 évi Martie hó 4 n.

~~rendőrkapitány~~

2161

Dans les deux „Ordres ouverts“ (Ordin deschis), reproduits ici en fac-similé, *Tocanio*, préfet de police de la ville d'Hátszeg, ordonne au Dr. Gerő *Könczey*, médecin d'arrondissement, — destitué également pour n'avoir pas voulu prêter serment de fidélité avant la signature de la paix, — de se présenter à la mairie sous peine d'être sévèrement puni, le 8 octobre 1919 à 6 heures du matin, d'après le premier ordre; le 5 mars 1920 à 6 heures du matin d'après le second, pour travailler à des travaux publics comme *journalier manuel*.

Les fonctionnaires s'engagèrent comme ouvriers dans les fabriques et comme journaliers. Alors les autorités roumaines prescrivirent aux entreprises de n'engager, sous peine de se voir retirer leur licence, que des membres de la Caisse des Assurances Ouvrières.

Les fonctionnaires hongrois furent inscrits comme „sans-travail" et, placés sous surveillance permanente, ils durent se présenter chaque jour; beaucoup d'entre eux furent mis en prison et internés dans des camps et, enfin, sans égard pour leur lieu de naissance et de domicile, proscrits définitivement du territoire roumain, procédé auquel on donna le nom de „rapatriement".

4. Deux cas typiques de „rapatriement".

A *Gyulafehérvár*, au commencement de 1910, Ovide *Gritta*, commissaire de police, fit arrêter le docteur *François Kratochvill*, adjoint au maire, le docteur *Győző Korinszky*, juge à la Cour d'Appel et substitut au président du tribunal, *Ákos Bucsy*, percepteur, et *Jules Dobrovszky*, inspecteur de perception, qui, en partie, étaient natifs de la ville, mais étaient tous Transylvains de naissance et avaient même des terres dans la localité. Un soir il donna l'ordre au brigadier de police, de donner „25 coups de bâton à ces messieurs". Le brigadier entendit l'ordre, mais ne donna pas la bastonnade à ses anciens supérieurs, car „monsieur le commissaire était ivre quand il a donné cet ordre". Quinze jours plus tard, il renvoya les détenus, leur enjoignit de se présenter chaque jour et leur interdit tout contact avec les gens. Quelques semaines plus tard, il les fit de nouveau arrêter, de nuit, et *enfermer dans la prison* de Nagyenyed. Ils y passèrent quinze jours, — également sans subir d'interrogatoire. De là aussi, ils furent relâchés. A peine furent-ils rentrés dans leur famille, que le commissaire de police Gritta les fit encore une fois arrêter et mener à la forteresse de *Fogaras*. Ensuite leur famille fut proscrite de Gyulafehérvár et ces chefs de famille ne furent remis en liberté qu'après que leur famille et eux-mêmes eurent signé „volontairement" leur demande de „rapatriement". Pendant six mois ces hauts fonctionnaires natifs de Transylvanie furent torturés dans différentes prisons et leur famille fut sans cesse molestée par des délogements, des expulsions et, malgré leur prière réitérée, ils ne furent jamais interrogés et ainsi, aujourd'hui encore, n'ont pas la moindre idée du grief que le régime roumain pouvait bien avoir contre eux et contre leur famille et pourquoi ils durent, contre leur gré, quitter leur pays natal. (Procès-verbal, 20 déc. 1919.)

En 1919, il y avait déjà 8 ans qu'André *Barabás* était directeur à Déva de l'école normale d'instituteurs de l'État. Il était né en Transylvanie et y avait toujours exercé ses fonctions de professeur et de directeur. S'appuyant sur un décret du Consiliul Dirigent, un capitaine du nom de *Voina* l'arrêta le 9 mai 1919. Le 10 mai 1919, il fut envoyé à Orosháza, où, en l'honneur de la grande fête nationale roumaine, le capitaine Cornèle *Sava* lui fit donner, ainsi qu'à 39 de ses compagnons, la bastonnade, à raison de 50 à 100 coups de bâton à chacun. La bastonnade fut administrée par des sous-lieutenants et des lieutenants roumains. Ceux-ci couchèrent sur la scène du théâtre municipal les victimes pantelantes battues jusqu'au sang et se pâmèrent à la vue des sursauts de leurs corps ensanglantés, non sans leur dérober entretemps leurs habits les plus précieux. Deux jours plus tard, à 2 heures du matin, le directeur Barabás, escorté de 6 soldats et d'un sous-lieutenant, fut conduit à une ferme située aux abords de la ville, où, pendant deux heures, à une distance de dix pas, on creusa sa fosse devant lui. Ensuite, il fut mené en chariot à la gare, et de là, en chemin de fer à Nagyszeben, pour y être remis à la Sigurantza. Là, il fut enfermé dans une cellule de la prison du tribunal et il dut y faire des travaux humiliants. La sigurantza ordonna contre lui une enquête et télégraphia, en même temps, à Déva de faire chez lui une perquisition domiciliaire. L'enquête fut faite par Ovide *Iván*. Il fut accusé d'avoir maltraité ses élèves roumains. Par les procès-verbaux et les documents demandés, il fut constaté que, comme délégué ministériel à l'école normale d'instituteurs roumaine à Nagyszeben, il avait, en un an, fait passer les examins à 179 élèves roumains, dont il n'avait fait tomber que 8 en tout. Il fut également prouvé que, dans son école, il avait enseigné le roumain même aux élèves hongrois et qu'il avait accordé une aide matérielle à plusieurs élèves roumains, dont l'un (Eugène *Totoian*) avait été par lui pourvu, pendant un an entier, sur des cotisations publiques, de tout ce dont il avait besoin, et dont les parents, inconnus du directeur, avaient été, dans la misère où ils étaient tombés, soulagés par ce dernier. Le 11 juin 1919, fut terminée l'enquête et le lendemain André *Barabás*, remis en liberté, fut renvoyé chez lui avec les paroles qu'il mériterait une récompense du roi *Ferdinand* pour la belle conduite dont il avait fait preuve vis-à-vis des Roumains.

Le 13 juin 1919, il arriva à Déva au sein de sa famille composée de six membres, que le préfet *Vasnica* avait déjà expulsée de sa demeure au moment où deux des enfants étaient alités avec une fièvre de 40 degrés. André *Barabás* trouva sa famille dans une petite chambre cédée par pitié au bord de la ville, tandis que son mobilier de 5 chambres était entreposé à différents endroits. Le lendemain, la Sigurantza de Déva l'interna dans son logement. Par décret No. 1634, le préfet l'expulsa, le 30 juin, ainsi que 75 autres fonctionnaires, avec leur famille, expulsion qui, le 17 juillet, fut réitérée avec la signature de Tifu L. *Avram*, sef de policie. Sur sa demande, le 18 juillet 1919, le ressort de l'Instruction Publique du Consiliul Dirigent lui délivra, sous le No. 7861—91, un certificat, d'après lequel il ne serait renvoyé de sa place que le 31 août et que, jusque-là, il avait le droit de se chercher une place dans quelque institut hongrois. Malgré ce certificat de l'autorité supérieure, le préfet ne retira pas l'expulsion, pour la raison qu'il n'avait pas prêté serment. (C'est ce que prétendit, dans sa décision No. 1199 du 26 juillet 1919, V. *Pana*, revizor scolar, en s'appuyant sur le décret du ressort de l'Instruction Publique No. 5188—919. Même s'il y eût été invité, il n'aurait pu prêter serment, car il était en prison préventive).

Il ne pouvait bouger de son logement et le certificat officiel nécessaire pour l'acquisition des denrées alimentaires fut retiré à sa famille. Le 5 août 1919, il fut conduit, sous escorte de la police, à *Fogaras* dans la forteresse, où étaient constamment incarcérés de 70 à 80 fonctionnaires hongrois. Le 5 sept., un nouvel ordre d'expulsion fut remis à sa femme. (Voir le fac-similé!)

ROMÂNIA.
POLIȚIA DE STAT DEVA.

No 669—919.

Provocare.

Întru ecsecutarea ordonanței Consiliului Dirigent Resortul Internelor No. 8272—919. sunteți somați, ca să părăsiți împreună cu familia orașul Deva până la ziua de 20. Septembrie 1919. incluzive. La caz contrar veți fi escortați fără considerare, că veți putea sau nu duce bagaj. Bilet de călătorie veți primi la oficiul poliției.—

Deva, la 5. Septembrie 1919.

Cotter
șef de poliție

Barabás Endrénė

Deva.
Str. Cuza Voda 19

1919. Tip. A. Hirsch, Deva.

Traduction du texte roumain ci-dessus: Roumanie, Police d'Etat, Déva. No. 660—919. sommation.

En Exécution du décret No. 8279/1919 du ressort de l'Intérieur du Consiliul Dirigent vous êtes sommée de quitter, avec votre famille, la ville de Déva jusqu'au 20 sept. inclusivement. En cas contraire, vous serez menée de force hors du pays, sans égard à la circonstance si vous pouvez ou non prendre avec vous des bagages. Vous recevrez votre billet de voyage du chef de la police.

Déva, le 5 sept. 1919. — Signé: Costesco, chef de la police.

Mme André Barabás, Déva, Str. Cuza Voda 9.

Se séparant de sa famille, cette femme qui avait de nombreux enfants, tâcha par des avocats roumains et auprès des différents ressorts du Consiliul Dirigent de Nagyszeben, d'obtenir la mise en liberté de son mari; aussi le conseil municipal de Déva suspendit-il, sous le No. 3088 du 18 sept. 1919, (signé par le Dr. *Pocol*, primar), l'expulsion, jusqu'à ce que son mari sortît de prison. Au ressort de l'Intérieur, le conseiller, Dr. Augustin *Bardosi*, lui donna le conseil d'aller voir, avec sa permission, son mari emprisonné et de le persuader de demander son „rapatriement volontaire", car alors il serait remis en liberté. Sous la contrainte de ces circonstances, le directeur *Barabás*, pour sa famille et pour sa liberté, adhéra à son rapatriement. et alors, il fut mis en liberté pour trois semaines, après qu'il eût signé devant le conseiller *Bardosi* qu'il quittait „volontairement" et „pour toujours" le territoire roumain.

Une fois sorti de prison, mais avant même d'arriver dans sa famille, le 29 sept. 1919, sous ad No. 669, le directeur *Barabás* reçut un nouvel ordre d'expulsion, (signé par *Costesco*, seful politici), de la police de Déva lui enjoignant de quitter Déva, avec toute sa famille jusqu'au 5 oct. au plus tard. (Voir le fac-similé!)

Le 30 sept. 1919. la Directiunea Sigurantei Generale lui délivra un certificat, (signé: Dr. *Biano*), disant que „le directeur André Barabás a été soumis à une enquête du 13 mai au 12 juin 1919, mais que sa culpabilité n'ayant pas été prouvée, il a bénéficié d'une ordonnance de non-lieu". Le ressort de l'Instruction Publique lui délivra sous la date du 1er oct. 1919 un certificat, (signé: Dr. Ivan *Mateio* dir. inv. primar), prouvant qu'André Barabás a été congédié de sa place, parce que l'école normale d'instituteurs de Déva a été nationalisée et que le sus-nommé n'est point à même de pouvoir enseigner en roumain. Il n'a pas été invité à prêter serment, mais il lui a été conseillé de chercher une place dans une école normale d'instituteurs hongroise. (Voir le fac-similé!)

Traduction du texte roumain ci-dessus:

Police d'Etat, Déva. — Ad No. 669/919.

Monsieur! Le conseil municipal de Déva ne vous permettant pas le séjour à Déva, je vous invite à déménager et à quitter, jusqu'au 8 octobre de l'année courante, la ville de Déva avec votre famille. Si vous désirez vous rendre en Hongrie, vous y êtes autorisé, mais, en ce cas, soyez prêt au départ jusqu'au 5 octobre à 4 heures de l'après-midi. Le chef de gare de Déva mettra, contre payement des taxes légales, à votre disposition, au temps fixé, le wagon destiné au transport de votre mobilier. Le permis de voyage pourra être retiré par vous chez le soussigné, à partir du 1er octobre 1919.

Je vous fais remarquer que, si, jusqu'au temps fixé, vous ne quittez pas Déva, vous serez avec votre famille envoyé de force à votre lieu de naissance, sans autre avis et sans égard pour vos bagages, qui seront mis en dépôt à vos frais et risques et périls.

Déva, 29 sept. 1919. Sceau. Signé: *Costesco*, chef de la police.

A Monsieur *André Barabás*, Déva.

Traduction du texte roumain ci-dessus :

M. André Barabás a été congédié de sa place pour la raison que l'école normale d'instituteurs a été nationalisée et que le sus-nommé n'est point en état d'enseigner en roumain. Il n'a pas été invité à prêter serment, et c'est pourquoi il lui a été dit de chercher une place dans les écoles normales hongroises d'instituteurs.

Nagyszeben, 1er oct. 1919, Sceau. Signé : Dr. *Ioan Matei*, directeur de l'enseignement des écoles normales d'instituteurs.

En possession de ces documents, André Barabás rejoignit sa famille à Déva, mais le préfet *Vasnica* et le préfet de police *Costesco* ne voulurent pas en démordre da l'expulsion immédiate. Il en appela au ressort de l'Intérieur, d'où, le 7 oct. 1919, sous le No. 15,192, il reçut l'avis suivant : „Monsieur André Barabás. — Déva. — Sur votre désir, nous déclarons que le ressort de l'Intérieur n'a aucune objection à faire à ce que vous vous procuriez une place convenable dans le territoire gouverné par le Consiliul Dirigent". En raison de cette permission du ministère de l'Intérieur, le conseil municipal de Déva accorda, le 17 oct. 1919, sous le No. 3703, (signé : Dr. *Pocol* primar), un délai dans l'affaire d'expulsion (expulzari). Après de nouvelles molestations et une nouvelle réclamation, le ressort de l'Intérieur donna par télégramme, le 25 oct. 1919, (signé : *Bardosi*, cons. de sectie), la permission de rester ; toutefois, le préfet Vasica et le préfet de police Costesco ne prirent nullement en considération les dispositions du ressort de l'Intérieur, mais continuèrent à exiger „l'expatriation" immédiate. Aussi parvinrent-ils à la faire exécuter la 17 nov. 1919, où ils firent partir cette nombreuse famille en l'embarquant dans un wagon à bestiaux et en la dirigeant vers la Tisza, rivière que la famille Barabás se rapatriant „volontairement" réussit à passer le 27 nov., après un sévère examen et après s'être vu dérober au préalable, avec ses vêtements les plus précieux, tout le linge de la famille, jusqu'à la dernière chemise d'enfant. (Procès-verbal dressé le 5 déc. 1919.)

4 a. Fonctionnaires hongrois „rapatriés" par voie d'expulsion.

Extrait du procès-verbal de *Gabriel Kemény*, ancien gouverneur du comitat de Torda-Aranyos.

Le 28 oct. 1920, quatre agents de police arrêtèrent l'ancien gouverneur Gabriel *Kemény* et le menèrent à la Sigurantza de Torda. Là, il fut accusé d'avoir organisé et encouragé à la grève les fonctionnaires n'ayant pas prêté serment; on exigea aussi qu'il dise qui, parmi les élèves hongrois, avait chanté des chansons patriotiques. Après deux jours d'incarcération, il fut relâché, mais, le 4 novembre, il fut de nouveau arrêté et enfermé avec le pasteur calviniste Louis *Egerházi*, le juge au tribunal, docteur François *Décsy*, et le négociant Joseph *Frenkel*, qui étaient déjà détenus. Au cours des deux jours suivants, on amena encore parmi eux: Otthon *Groisz*, inspecteur d'agriculture, Géza *Lörinczy*, Samuel *Klein*, chef de bureau au tribunal, le docteur *Várfalvy*, avocat, et Toma *Szabó* sous-secrétaire de commune, qui, après sa destitution, était devenu cordonnier. Le 7 novembre, il furent menés à Kolozsvár et enfermés dans la Fellegvár. Le 7 novembre, l'auditeur au Conseil de Guerre leur fit subir un interrogatoire. Le négociant Joseph *Frenkel* fut accusé „d'agitation communiste"; l'avocat *Várfalvy*, „d'entretenir des relations avec Horthy et d'en avoir reçu plusieurs millions pour les buts de la propagande bolcheviste". Le pasteur *Egerházy* et l'inspecteur *Groisz* furent accusés „d'avoir créé des organisations contre les Roumains", le chef de bureau *Klein* „d'avoir poussé, en son temps, le personnel du tribunal à refuser de prêter serment", tandis que le professeur *Lörinczy* et le juge *Décsy* furent accusés „d'avoir fait de l'espionage entre Kolozsvár et Marosvásárhely". L'accusation contre le gouverneur *Kemény* était „d'avoir groupé et organisé les fonctionnaires n'ayant pas prêté serment et d'avoir entretenu des relations entre la classe des ouvriers et celle des propriétaires fonciers".

L'auditeur, docteur *Bozák*, fit subir jusqu'au 23 novembre ces interrogatoires, à la suite desquels il proposa de renoncer à la mise en accusation. En raison de cette proposition, le général *Petala* leur rendit la liberté, mais en même temps il ordonna l'expulsion du pasteur Louis *Egerházy*, du juge docteur François *Décsy*, du cordonnier et de l'ancien sous-secrétaire de commune Toma *Szabó*, du chef de bureau Samuel *Klein* et de l'ancien gouverneur Gabriel *Kemény*; il accorda cependant trois jours de sursis au pasteur calviniste *Egerházy* pour renter chez lui et remettre sa paroisse.

Le 30 novembre, *Szabó*, *Klein*, et *Kemény* furent, — en compagnie d'autres artisans et employés de chemin de fer qui étaient également expulsés, mais n'avaient subi aucun interrogatoire, — conduits à Nagyvárad au Conseil de guerre de zone, où le docteur *Morar*, auditeur de guerre, lut leur ordre d'expulsion et leur dit qu'il ferait une contre-proposition pour la révision de cet ordre. Pendant deux jours, il conféra avec le général *Petala*, qui persista à maintenir l'ordre d'expulsion sans enquête. Ils furent alors conduits, le 2 décembre, à la salle de police, où ils rencontrèrent 14 autres Hongrois „expulsés". Le 3 décembre, ils furent conduits à Szatmár, et de là, en chariot, ils furent conduits d'abord à Vetés, puis à la police de frontière d'Ovár, où le commandant s'emporta contre leur escorte: „pourquoi n'avez vous pas tué en route ces chiens de Hongrois?" Là, à Ovár, ils furent enfermés dans une cellule de 5 mètres de longueur sur 2 mètres de largeur, où on leur fit égrener du maïs. Une fois, en entrant, le commandant frappa au visage les trois prisonniers les plus près de lui avec une telle force qu'ils saignèrent de la bouche et du nez . . .

Le 6 décembre 1920 au soir, ils furent conduits à la ligne de démarcation hongroise; là, on enleva à chacun d'eux les vêtements, les objets de valeur et l'argent „superflus"; puis, le commissaire de police roumain remit à chacun d'eux dans la main la lettre d'expulsion, (dans laquelle était inscrit: la raison de l'expulsion est le refus de prêter serment); puis, il leur montra où se trouve Csenger, la commune de Hongrie la plus proche, et leur donna l'ordre de partir sans escorte, en leur disant: Celui qui reviendra sera exécuté.

5. Roumanisation des villes de Transylvanie.

A la deuxième Assemblée Nationale de Transylvanie à Nagyszeben, le docteur Jules *Maniu*, président du Consiliul Dirigent, fixa comme but immédiat et urgent la roumanisation de la Transylvanie, excluant à l'avance toute autonomie et privilège. Le plus pressé était de roumaniser les villes, car, sur les 41 villes annexées, ce n'était que dans trois petites villes de 3 à 8000 habitants que les Roumains étaient en majorité. Dans son numéro 2 de 1919, le *Glazul Libertati* communiqua le plan adopté pour Kolozsvár, indiquant la manière avec laquelle, dans cette ville de 57,000 habitants, le chiffre des Hongrois, au nombre de 43,000, serait réduit à 15,000 par l'expulsion, en première ligne, des familles de fonctionnaires.

6. Ceux qui, en juillet 1919, n'avaient pas encore opte pour la Roumanie, ont été traités et bannis comme étrangers.

Le 15 juillet 1919, parut le décret No. 8300/919 sur la création du Bureau de Rapatriement et, le 29 juillet, le décret No. 8272/919, sur le recensement des étrangers, en raison desquels devaient, dans les 8 jours, se déclarer „ceux qui désirent être citoyens roumains". Ceux qui, au recensement des „étrangers", ne faisaient pas de déclaration ou se déclaraient „Hongrois", étaient expulsés par les autorités et traités comme „étrangers", jusqu'à ce qu'ils demandassent leur „rapatriement" hors de leur pays natal et, s'ils ne le demandaient pourtant pas, étaient bâtonnés, frappés et tenus internés, incarcérés, jusqu'à ce qu'ils se fissent expatrier „volontairement".

7. Confiscation des logements et proscription des fonctionnaires n'ayant pas prêté serment.

Par décret du 4 septembre 1919, (signé par Demeter Mangra et Guillaume Czuczor), le Bureau des Logements de Nagyvárad réquisitionna les logements de tous les fonctionnaires qui n'avaient pas prêté serment. Dans le numéro du 7 septembre 1919 du journal *Nagyváradi Napló*, le procureur *Mangra* dit: „Nous devons arracher tout sentiment de notre coeur, et, si l'heure sonne, les intéressés devront partir".

8. Formalité des délogements.

Le 23 octobre 1919, sous le No. 156/919, Jean Boério, commissaire gouvernemental des logements et Danila *Saba*, préfet de police du district, publia un décret „au sujet de l'expulsion des étrangers". Les expulsés sont tenus de partir dans les 5 jours. Aucune demande de sursis n'est admise; les demandes de wagon sont seules acceptées. Les sommations distribuées sont comme ceci:

Cisariatul Guvernial Cluj. No. 2280/1919.

M Ladislas Tokaji, Cluj, rue Attila 10.

Je vous signifie d'avoir à me remettre le 30 courant au plus tard votre appartement et votre bureau et à déménager jusque-là, sinon il sera fait usage de la force.

Cette décision est sans appel.

Cluj, le 25 oct. 1919. (Sceau) Signé: Dr. Joan Boério, comisar guvernial.

Il faut noter que depuis des dizaines d'années, Ladislas Tokaji était directeur de la Société d'Agriculture de Transylvanie (il n'était donc pas du nombre des fonctionnaires d'État refusant de prêter serment); qu'il habitait dans la maison appartenant à la société et que, aussi bien lui que ses ascendants, il était né et avait passé toute sa vie en Transylvanie.

Le docteur Étienne *Györffy*, professeur à l'Université de Kolozsvár, reçut du rectorat de l'Université l'ordre suivant:

Traduction.
Kolozsvár.

No. 44—1914.

A monsieur le docteur Étienne Györffy.

Comme, le 12 mai 1919, vous avez cessé d'être professeur à l'Université, nous vous invitons, par la présente, à vouloir bien quitter au plus tôt, mais tout au plus tard le 31 août 1919, le logement privé que vous occupez à l'Université et le remettre à l'Économat de l'Université. — Kolozsvár, le 1er juin 1919. Signé: docteur Nikolae Dragan, inspecteur du rectorat.

En raison de cet ordre, la remise du logement eut lieu le 31 août 1919 à 11 heures du matin. Le procès-verbal de cette remise fut signé par E. Stoica, au nom de l'Économat de l'Université de Kolozsvár.

C'est ainsi que commença l'épuration des villes transylvaines de l'élément hongrois. A Kolozsvár, le propriétaire Alexandre *Rozenberg de Gyala* fut „jeté à la porte" de sa propre maison. Le marchand Ferdinand *Hercz* fut également chassé de sa propre maison et ensuite expulsé. Le docteur Alfred *Haar* et le docteur Jules *Hornyánszky*, professeurs à l'Université, furent mis à la porte de chez eux par des soldats armés; puis, ils furent expulsés. Le docteur Coloman *Batta*, conseiller de Finances, fut chassé même de deux logements et ensuite expulsé. Le propriétaire Albert *Gál* fut chassé de sa propre maison; on mit même à la porte de sa propre maison la veuve de Géza *Szvacsina*, ancien maire de Kolozsvár. Après 38 ans de séjour à Kolozsvár, le professeur Jean *Sólyom* fut délogé de sa propre maison et plus tard expulsé avec ses quatre enfants. Le docteur Antoine *Papp*, trésorier-général, fut délogé trois fois et fut, en définitive, réduit à habiter un sous-sol, jusqu'à ce qu'il finit par être „rapatrié".

C'est ainsi que, contre leur volonté, vinrent en Hongrie de nombreux milliers de familles hongroises transylvaines, que le gouvernement roumain prétend s'être „volontairement rapatriées".

9. Le journal „Dacia" de Bukarest s'exprime au sujet de l'exécution des délogements.

Le numéro du 1er mai 1920 publia, sous la plume de son correspondant de Kolozsvár, l'article suivant reproduit par le journal Ujság (numéro du 6 mai 1920), auquel nous l'empruntons: Louable et même nécessaire est le zèle déployé par les dirigeants politiques de Transylvanie pour donner autant que possible à la population des villes transylvaines le cachet roumain, mais il ne l'est que dans une certaine mesure. Au cours des quelques mois de mon séjour ici, j'ai assisté avec douleur à des réquisitions de logements et j'ai vu, le soir et dans la pluie, des meubles et des paquets qui, sur l'ordre du commissaire gouvernemental des logements, avaient été jetés à la rue. Le vendredi, 23 avril 1920, j'ai assisté à une scène qui en est le comble. Le propriétaire de l'un des magasins de la grande place prit un accès de folie, car le commissaire gouvernemental des logements l'avait invité à évacuer dans les 24 heures son local et à le remettre à Juon *Popa*, qui n'était pas satisfait de son local situé également en plein centre et qui, sans doute par d'éloquents moyens, avait réussi à faire réquisitionner en sa faveur celui d'*Abraham*. Ce dernier, gravement atteint, fut transporté à la clinique des maladies nerveuses, tandis que son magasin se réquisitionnait à l'aide de la force armée, car tel était l'agrément de Juon Popa, dont les désirs, paraît-il, étaient des ordres pour le commissaire gouvernemental. A la suite de l'affaire du malheureux Abraham, 150 des principaux négociants de Kolozsvár se présentèrent au docteur Jon *Sucio*, président de la Commission de Liquidation, pour demander une enquête sur ces faits et réclamer des mesures contre d'aussi étonnantes réquisitions. M. Sucio, toutefois, n'entra pas conversation avec eux, — on ne sait pour quelle raison, — de telle sorte que toute réclamation fut impossible et c'est pourquoi nous sommes obligés de demander, nous, à Bukarest une sévère enquête, pour ne pas passer pour des barbares et pour ne pas salir, aux yeux des étrangers, notre dignité nationale.

10. Essai de motiver la proscription des Hongrois par la nécessité de placer les nouveaux fonctionnaires roumains.

Le Dr. Jean Sucio, président de la Commission de Liquidation, essaya de motiver l'expatriation forcée des Hongrois autochtones par la raison qu'il y a encore environ 400 fonctionnaires roumains qui n'ont pas de logement à Kolozsvár. A ce propos, dans son article fortement censuré du 5 juin 1920, le journal *Ujság* de Kolozsvár fait les remarpues suivantes:

„Vis-à-vis des fonctionnaires roumains, le Bureau des Logements fait preuve de sollicitude si excessive que, au moment où sévit la plus grande pénurie de logements, il assigna aux nouveaux-venus des appartements de 8 à 9 chambres, tandis qu'il confina dans de misérables logis de 1 à 2 chambres les „anciens habitants". Passez en revue les logements des nouveaux-venus et il en ressortira que, avec une honnête et équitable répartition, il serait possible, sur les appartements des différents chefs de ressort et hauts fonctionnaires, de réquisitionner suffisamment de logements pour pouvoir y placer non pas 400, mais de 500 à 600 fonctionnaires sans logement". Le journal ne pouvait faire allusion aux brillants appartements des nouveaux employés de banque, industriels, marchands, chercheurs de bonne fortune et petites amies des officiers roumains nouvellement venus de Roumanie. Plus tard, le 24 septembre 1921 (Ötórai Újság — Journal de Cinq heures — de Kolozsvár), Orel *Tamás*, secrétaire du Bureau des Logements déclara qu'il y a de nombreux fonctionnaires roumains qui ont fait réquisitionner des appartements de 4 à 5 chambres, mais n'en ont meublé que 1 ou 2 et, dans les autres, „les souris mènent leur sabbat".

11. Les trains de rapatriement.

De 1919 à 1921, c'est-à-dire pendant trois ans, la Roumanie n'„exporta" en Hongrie que des Hongrois de Transylvanie; journellement partaient, — et même plusieurs par jour, — des „trains de rapatriement", qui, à Nagyvárad ou à Arad, étaient „fouillés" à fond par les employés, de peur qu'il ne s'y trouvât de l'argent, d'autres objets de valeur ou des lettres; puis, ces trains étaient conduits au-delà de la ligne de démarcation. Ces parias végétèrent ensuite pendant des mois et même des années dans les gares de Hongrie, comme „habitants de wagon".

Le 2 juillet 1920, L'*Ujság* de Kolozsvár écrivait:

La plupart des émigrants se décident à quitter leur pays natal, car on leur a enlevé tout moyen d'existence. Il ne fut pas permis à ceux qui étaient renvoyés de leur emploi de pouvoir se placer. La voix de la faim est impérieuse; elle commande de gagner à tout prix du pain pour les enfants. Chassés de leurs logements, ne pouvant arriver à aucune place, ils étaient acculés au départ.

La famille de J. R., professeur au lycée de Kolozsvár, volontairement „rapatrié" étant classé de force de son pays natal, a été, depuis janvier 1920, obligée d'habiter pendant deux ans, ainsi que de nombreuses autres familles qui eurent le même sort, l'intérieur d'un wagon, sur les rails d'une voie latérale d'une gare de Budapest; sa mère, alitée par la maladie, est soignée par les petits enfants, dont le père cherche du travail pour gagner sa vie.

C'est ainsi que les „trains de rapatriement" privèrent les 200.000 rapatriés de Transylvanie, — chiffre également reconnu officiellement par les Roumains, — de pouvoir jouir des droits assurés par les articles 3, 4, 5 et 6 du traité conclu avec la Roumanie à Paris le 9 déc. 1919 pour la Protection des Minorités, dont les stipulations sont placées sous la garantie de la Société des Nations mentionnés dans l'article 12.

Logements en wagon à l'une des gares de Budapest, en mars 1920, qu'habitèrent pendant des années les expatriés hongrois, que les Roumains disent „rapatriés volontairement", tandis qu'ils les ont expulsé de force de *leur pays natal*. Devant le wagon-logement ci-dessus, la femme de G. O., juge au tribunal d'arrondissement, fait cuire le dîner.

12. Que deviendront les expatriés par la force? Opinions officielles.

Dans son numéro du 19 mars 1922, le journal de Kolozsvár *Ellenzék* traite cette question dans un article intitulé: „*Nationaux entre ciel et terre*".

Maintenant il en existe de pareils. Ce sont des gens à qui, dans toute l'acception du mot, on a dérobé le sol de-dessous les pieds, non seulement celui d'un pays, mais celui de deux pays, c'est-à-dire de la Roumanie et de la Hongrie en même temps; des gens qu'aucun des deux États ne veut reconnaître comme sujets, mais force de chercher quelque part, en errant, un endroit où poser le pied.

Le traité de paix de Trianon prescrivit que, à partir de la ratification de la paix, les individus domiciliés dans les territoires annexés peuvent choisir entre la nationalité roumaine et hongroise. Ils peuvent, dans le délai d'un an, déclarer qu'ils désirent être des ressortissants hongrois, ou, — pour employer l'expression officielle, — ils peuvent opter pour la nationalité hongroise.

En Transylvanie, toutefois, on n'attendit point le terme fixé d'une manière internationale, à savoir la ratification du traité de paix, mais Jean Boério, commissaire gouvernemental d'alors, expédia, sans façon, d'une manière arbitraire, au-delà de la frontière, des milliers et des milliers de familles hongroises. Plus tard, les Hongrois aussi, sans contrainte immédiate, se mirent à se rapatrier.

Parmi les émigrés, il y en avait beaucoup aussi qui plus tard rentrèrent en Transylvanie et y reprirent leur ancienne existence. Il se trouvait parmi eux une quantité d'étudiants, qui, pour passer leurs derniers examens et se procurer leurs diplômes, étaient obligés de se rapatrier et maintenant, revenus en Transylvanie, y occupent des places.

En raison de leur passeport hongrois, la Sigurantza leur a donné, en tant que sujets hongrois, un permis de séjour. Entretemps, toutefois, a expiré le délai fixé dans leur passeport. La Légation hongroise de Bukarest ne veut pas, néanmoins, leur délivrer de nouveaux passeports hongrois. La Légation de Hongrie répond qu'elle ne les considère plus comme ressortissants hongrois. L'option pour la nationalité ne pouvait s'effectuer, en effet, qu'à partir du moment de la ratification du traité de paix; le rapatriement effectué à une époque antérieure ne signifie donc point l'option légale pour la nationalité hongroise.

De son côté, le sous-secrétariat de l'Intérieur de Roumanie prétend qu'il est possible aussi de renoncer validement à un droit assuré pour plus tard et qu'en conséquence les rapatriés à une date antérieure doivent être aussi considérés comme ressortissants hongrois.

Entre les deux feux de cette discussion juridique se trouvent beaucoup de gens qui ne sont nullement fixés sur leur sort.

Dans le numéro du 15 sept. 1921 du journal *Keleti Ujság* de Kolozsvár, le docteur Eugène *Biano*, inspecteur-général de la Sigurantza de Transylvanie, s'exprima ainsi au sujet du retour des rapatriés de force: Pendant bien longtemps encore le retour des rapatriés ne pourra être solutionné. Lors de leur rapatriement, les intéressés „renoncèrent", (il serait plus juste de dire qu'on les y fit renoncer), à leur qualité de ressortissants roumains et, en signant *leur déclaration de départ*, ils sont devenus, aux termes du traité de paix, ressortissants hongrois. Or, il n'est pas possible de changer sans cesse de nationalité.

IX.

Aux termes de l'article 2 du chapitre I du Traité du 9 déc. 1919 relatif à la Protection des Minorités, la Roumanie assure à tous pleine et entière protection de leur vie et de leur liberté.

Procès politiques et atrocités.

1. Le camp d'internés hongrois à Constanza.

Nous lisons dans le journal *Socialismul* de Bukarest (numéro du 6 janv. 1920): A Constanza, les 800 internés sont traités d'une épouvantable manière. Hommes, femmes et enfants s'y trouvent dans quelques hangars et entrepôts bondés. Ils vivent dans une détresse indescriptible. Par suite des grands froids, de la misère, du manque de vivres et de la malpropreté, le typhus exanthématique et la fièvre paludéenne sont en règne parmi eux. Chaque jour, on en mène des milliers à l'hôpital, aussi lamentable que leur camp, et où, dans des locaux non chauffés, ils restent sans secours, abandonnés à leurs souffrances. Ces malheureux ont été amenés dans le pays comme otages par l'armée roumaine. Ce sont, en grande partie, des femmes et des enfants, et, en général, des gens inoffensifs. Depuis longtemps déjà, il n'y a plus de soldats roumains en Hongrie, et ainsi il est impossible d'indiquer de motif pour les retenir et les faire souffrir ici. Jusqu'à ce qu'ils arrivent à être rapatriés, le gouvernement pourrait veiller à faire cesser au plus tôt l'inhumaine situation qui règne dans ce camp. En dehors du camp de Constanza, dans les autres camps aussi les conditions sont également monstrueuses; aussi faisons-nous entendre, au nom de l'humanité, notre protestation à leur sujet.

2. Le nombre des incarcérés pour un temps plus ou moins long, à cause de délits politiques, est de 182 dans une seule prison de Roumanie.

Dans le numéro du 30 oct. 1921 du journal de Bukarest *Aurora*, le député radical, Dr. *Lupo*, communique la statistique suivante sur le nombre des prisonniers transylvains qui, dans la seule prison de Roumanie (Jilava), sont emprisonnés pour délits politiques. Du 1er sept. 1920 au 1er sept. 1921, il s'y trouvait 32 individus en détention préventive de 6 à 12 mois. Après une détention préventive de la même durée, 36 furent, sans jugement, remis en liberté. Le 30 oct. 1921, 114 prisonniers étaient encore détenus dans cette prison. (Numéro du 31 oct. 1921 du journal Dacia.)

2/a. Détentions „préventives" durant des années.

Nous lisons dans l'*Adeverul* de Bukarest: Le ministre de la Justice a adressé à tous les Parquets une circulaire, dans laquelle il les invite à respecter davantage que jusqu'ici la liberté individuelle et à ne pas garder si longtemps les détenus en détention préventive. Cet avis est très sage et il est très désirable qu'il soit mis à exécution.

Il existe des gens se trouvant en prison „préventive“ que le juge d'instruction détient si longtemps que leurs cheveux sont devenus gris jusqu'à ce qu'ils comparaissent devant le tribunal. Le juge se marie, obtient de l'avancement, devient président de tribunal, juge à la Cour d'Appel, tandis que le pauvre détenu en prison „préventive“ est toujours sous les verroux. Il serait enfin temps d'apprendre ce que signifie la liberté individuelle, pour ne pas agir ainsi à son égard. (Brassói Lapok, 30 sept. 1921.)

3. Dans la seule mine de sel appelée Ocna-Mare, 52 ouvriers hongrois se trouvent condamnés aux travaux-forcés pour un temps variant de 1 à 10 ans.

Le crime commis par ces ouvriers-mineurs était d'être entrés en grève, en 1920, à cause d'une diminution de salaire et à cause de mauvais traitement. Cités devant le Conseil de Guerre, ils furent accusés d'être bolchevistes et d'avoir conspiré, sous l'instigation de l'irrédentisme hongrois, contre la sûreté de l'État roumain. (Aurora, numéro du 4 déc. 1921.)

4. La première „révolte“ hongroise à Etéd.

Pour trouver le motif de tenir sous la terreur les Hongrois de Transylvanie, les autorités roumaines furent très inventives dans la découverte de „conspirations“ et de „révoltes“. La première „révolte“ hongroise de Transylvanie se réduisait en réalité à ceci. En mars 1919, à l'occasion de la foire annuelle tenue dans la commune d'Etéd (comitat d'Udvarhely), deux gendarmes roumains traitèrent avec tant de brutalité les paysans venus des villages voisins qu'il s'ensuivit une rixe sérieuse qui finit par le triste résultat que les deux gendarmes restèrent tués sur place. Le cas fut, par les hautes autorités roumaines, traité de „révolte“ contre le régime roumain, et, en conséquence, des soldats furent envoyés d'Udvarhely pour réprimer la „révolte“. La troupe marcha en ligne de bataille contre le village d'Etéd épouvanté. La troupe entrant dans le village tua tout homme qu'elle rencontra sur son chemin et blessa même une femme. Ils prirent ceux qui avaient fait leur service militaire et aussi plusieurs femmes et vieillards qu'ils menèrent à Nagyenyed par Székelykeresztur. En passant par Székelykeresztur, la compatissante Mme Gyárfás, voyant une femme enceinte parmi elles, demanda au commandant d'épargner au moins cette femme et de ne pas la tenir dans le froid et la saleté ou d'empêcher au moins qu'elle soit battue; cette demande débonnaire fut, toutefois, rejetée avec les mots: Il n'y a plus besoin d'enfants hongrois.

Ceux qui étaient soupçonnés du meurtre, furent liés à des chariots et traînés à travers plusieurs villages tant qu'un seul muscle leur restât sur les os et qu'ils pussent encore donner signe de vie.

A cause de cette „révolte“, de 30 à 40 des habitants de chaque village des environs (Parajd, Korond, Sófalva, Sóvárad, Szováta, etc.) furent pris et mis dans les différents camps d'internement, (Fogaras, Nagyszeben, Szombatfalva, etc.), où ils subirent pendant des mois des traitements inhumains sans qu'ils sussent de quoi ils étaient accusés. Beaucoup d'entre eux furent tout simplement tués à coups de fusil; d'autres, estropiés pour toute leur vie par les coups; on leur fit souffrir la faim; on leur interdit les mesures les plus élémentaires de propreté et ils furent remplis de vermine. Dans le camp de Nagyszeben, la „vermine roumaine“ s'attaqua à tel point à beaucoup de ces „internés“ hongrois que, chez quelques-uns, les côtes se voyaient même, et toute la générosité de la Société de Bienfaisance des Dames de cette ville ne put leur venir en aide. Ce sont eux qui fournirent les 8 „blessés“ qui, en avril 1919, furent envoyés à l'hôpital départemental de Déva . . . pour y mourir. Leur corps étaient si terriblement battu que les os du bassin étaient dépouillés de leurs muscles et que les os étaient à nu. Lorsqu'Étienne *Szabó* B., régisseur de l'hôpital, aperçut ces malheureux, il ne put contenir son indignation; il fut, pour ce fait, cité en conseil de guerre, interné à Fogaras et contraint, en définitive, au rapatriement „volontaire“.

Parmi les „rebelles“ restés en vie, le conseil de guerre condamna, le 26 juin 1919, Louis *Piroska* d'Atyha, Dénes Elekes de Kecsetkisfalu, Charles György d'Atyha, Daniel *Jakab* de Szolokma, Jean *Moldován* de Küsmöd et Étieen *Szép* d'Atyha, à mort; Denis *Somody*, Moise *Major* et Nicola *Hanzig* d'Etéd, aux travaux-forcés à perpetuité; Martin *Vass* d'Atyha, Joseph *Kovács* de Bölön, à 10 ans de travaux-forcés; Sigismond *Jakab* de Szolokma, et Moïse *Dénes* de Bözöd, à 5 ans de travaux-forcés. Une grande partie d'entre eux furent remis en liberté, mais brisés de corps et d'âme, affectés de graves maladies, ils sont pour toute leur vie incapables de gagner leur pain. (V., 11, XII, 1919 et Renasterea Romana 27, VI, 1919.)

5. Procès d'espionnage et de conspiration contre les membres de la classe intellectuelle hongroise.

Depuis le début en Transylvanie du régime roumain, les principaux procès politiques intentés contre les membres de la classe intellectuelle hongroise de la Transylvanie sont les suivants:

a) En 1919, contre Étienne Apáthy, professeur à l'Université et ancien haut-commissaire hongrois de Transylvanie, pour bolchevisme et actes de violence projetés et exécutés contre la sûreté de l'État roumain.

Les débats en conseil de guerre furent tenus à Nagyszeben sous la présidence du colonel *Moruzzi*. Il était accusé en premier lieu d'avoir instigué les Hongrois dans la commune de Czigány à s'attaquer, au mois de janvier 1919, aux soldats roumains, dont 9 avaient été tués.

Pour ces neuf soldats roumains qui avaient été tués, le général *Neculcea* imposa une rançon de 900 mille lei qui dut être payée par 20 habitants de Kolozsvár. Le conseil de guerre reconnut unanimement sur ce point, le 22 juillet 1919, l'innocence d'*Apáthy*. L'autre point important de l'accusation était d'avoir répandu des brochures incitant à la révolte et injurieuses pour le roi. En raison de cette accusation, le conseil de guerre le condamna à 5 ans de prison, mais le conseil de guerre suprême de Bukarest l'acquitta et ordonna sa mise en liberté. Les autorités civiles, toutefois, l'internèrent jusqu'à son rapatriement.

b) Contre les officiers supérieurs hongrois de Nagyvárad, à savoir les colonels *Cserey* et *Csécsy* et consorts, à cause de projet de conspiration irrédentiste.

c) Le procès dit *Levente* de Temesvár, contre de jeunes officiers et étudiants, accusés d'avoir conspiré pour une attaque à main armée, de connivence avec les différents organismes de l'armée hongroise, contre la sûreté de l'État roumain.

d) Contre les élèves du lycée catholique romain d'Arad, pour conspiration. Dans ce procès furent englobés 82 élèves, qui, à l'exception de deux, étaient des garçons de 17 à 18 ans. Deux d'entre eux furent condamnés à 2 ans; un, à 18 mois; deux, à un an; un, à trois mois de prison; les autres furent acquittés. Ceux qui avaient été condamnés furent aussi acquittés par le Haut Conseil de Guerre de Bukarest, le 16 nov. 1921.

e) Le procès de Nagyszeben des conspirateurs de Temesvár et d'Arad, dans lequel *Noszek*, ancien lieutenant hongrois, et 8 autres de ses compagnons, furent accusés d'espionnage et de conspiration contre la sûreté de l'État. Le Conseil de Guerre condamna l'ancien lieutenant Noszek, le principal accusé, à 8 ans de prison; les autres, à 5 ou 6 semaines de la même peine; un seul des accusés fut acquitté.

f) Le procès des conspirateurs de Marosvásárhely, débattu devant le conseil de guerre du VIe Corps à Kolozsvár sous la présidence du colonel *Radulesco* à la fin d'avril 1922. Les accusés étaient les suivants: Jean *Molnár*, professeur, Géza *Rédiger*, unitaire, André *Biró*, pasteur calviniste, Charles *Imets*, religieux catholique-romain (gardien du couvent des Franciscains) Jacques *Kun*, commerçant, Eugène *Schronk* professeur suppléant, tous de Marosvásárhely, et Ladislas *Brunhuber*, propriétaire foncier de Szászrégen, qui furent arrêtés en février 1921 et accusés de conspiration et d'attentat contre la sûreté de la Roumanie. L'accusation fut forgée contre eux par *Georgio*, sous-chef de la Siguirantza de Kolozsvár, et son successeur Orel *Cosma*, qui, depuis lors, furent accusés de chantage et de détournement et s'enfuirent en Amérique, et par George *Bala*, espion et agent provocateur roumain. Au cours de l'examen, il fut constaté que le marchand Jacques *Kun*, voulant se rendre a Budapest, demanda aux trois ecclésiastiques un certificat constatant qu'il était chrétien, malgré qu'il eût l'air juif et qu'il s'appelât Jacques. Lorsqu'il fut arrêté, des vices de forme furent trouvés dans son passeport et, en conséquence, il fut accusé de franchir indûment la frontière. On trouva aussi des lettres sur lui. Dans l'une d'elles, un fiancé envoie de ses nouvelles à sa future, une autre lettre était adressée à Brunhuber et contenait une nouvelle pour Charles Imets; dans une autre Eugène Schronk parlait de la détresse des fonctionnaires hongrois destitués. (En ce temps-là il était encore impossible d'envoyer par la poste des lettres entre la Roumanie et la Hongrie). A la Sigurantza, Jacques Kun fut battu pendant cinq jours et le prêtre catholique-romain Charles Imets subit un interrogatoire au milieu des „tourments les plus insensés“ et on lui fit signer de faux procès-verbaux. Les inculpés furent „acquittés par le conseil de guerre de l'accusation de conspiration inventée par la Sigurantza“ et ils furent remis en liberté après un an environ de détention. Seul Jaques Kun fut condamné pour le délit de „franchir indûment la frontière“.

g) A *Kézdivásárhely* également une grande „conspiration“ fut découverte par la Sigurantza en 1920.

Au cimetière furent trouvés quelques fusils rouillés. Pour ce fait, toute la bourgeoisie de la ville fut arrêtée. Comme, pour emprisonner les Hongrois arrêtés au nombre de plusieurs certaines, il n'y avait plus de cachots, tant ceux-ci étaient bondés de „conspirateurs“ précédemment arrêtés, on choisit parmi eux les 36 „les plus redoutables“ et, comme ce nombre fut lui-même trouvé trop grand, on n'en mena que 7 à Szombatfalva au camp des prisonniers; parmi eux se trouvait le Dr. Andor *Török*, ancien sous-préfet, et le Dr. Jean *Dávid*, médecin en chef, qui restèrent deux mois et demi en prison. A part eux, furent internés sur place 26 médecins, avocats, juges, fonctionnaires et marchands „conspirateurs“, ainsi que plusieurs dames. Lorsqu'eurent enfin lieu les débats du procès de conspiration devant le conseil de guerre, de toute la „conspiration“ il ne resta que ceci, c'est que, en 1918, pendant la révolution, quelques jeunes gens enfouirent dans le cimetière les fusils et n'en prévinrent pas plus tard l'autorité roumaine. L'accusation de „conspiration“ fit sourire le conseil de guerre lui-même, qui acquitta les accusés, tandis que les intéressés directs eurent de 1 à 2 mois de prison. (Numéro censuré du 4 juillet 1920 du Keleti Ujság.)

h) A *Zilah* également fut découverte une „conspiration“, où 10 inculpés furent arrêtés par la Sigurantza, entre autres le marchand Jean *Urházy*, le confiseur François *Stankovics* et la dactylo Yolande *Seress*, Aux débats du conseil du guerre tenu à Kolozsvár sous la présidence du colonel *Radulesco*, les 7 accusés encore en prison furent reconnus par le conseil de guerre innocents du délit de „conspiration" et remis en liberté après une pénible détention de plus d'un an. (Ujság, 17 mars 1922.)

En février 1921, à Szatmár, Nagybánya, Kolozsvár, Brassó, Mármarossziget, Marosvásárhely, les membres de la classe intellectuelle hongroise furent arrêtés en grand nombre par la police politique: en tout 70 personnes, qui, pour la plupart, étaient des ecclésiastiques, des professeurs, des fonctionnaires, d'anciens officiers. L'accusation portée contre eux était qu'ils avaient inspiré, de connivence avec le service d'espionnage de Budapest de l'armée hongroise, une conspiration organisant un soulèvement armé pour que, si, au printemps 1921, l'armée russe bolcheviste attaquait en Bessarabie la Roumanie, les Hongrois de Transylvanie, convenablement armés, attaquassent dans le dos, de concert avec l'armée hongroise, l'armée roumaine occupée en Bessarabie.

6. Le grand procès de conspiration et d'espionnage de Kolozsvár comme prototype de tous les procès politiques.

En outre, certains des accusés, Tamás, Petres, Kölsze, furent aussi accusés d'avoir pris part à l'attentat, par suite duquel deux des membres du sénat de Bukarest avaient été tués, et plusieurs, grièvement blessés par la bombe.

Le 17 sept. 1921 furent tenus les débats, qui avaient toujours été ajournés. Aux débats, il ressortit des aveux des accusés quels avaient été les instigateurs non-seulement de ce procès politique en particulier, mais aussi de tous les autres, et avec quels moyens et dans quel but politique avaient été suscités ces procès.

Aux débats, il fut découvert que deux des accusés, à savoir Fehérvári et Hanig, étaient des agents secrets de la police politique roumaine, et que, comme agents provocateurs, ils avaient fait leur possible pour porter à une démarche compromettante quelconque, la plupart des inculpés. Au cours des débats, d'accusés ils devinrent témoins décisifs.

7. Les espions de la police politique roumaine comme agents provocateurs.

Fehérváry fut acquitté et relâché. De Kolozsvár il alla à Vienne, puis à Kassa, pour continuer son rôle d'espion (Numéros du 20 janv. 1922 et du 24 janv. 1922 du Keleti Ujság).

Suivant la déclaration qu'il fit à Kassa, il s'était présenté à Vienne également à la Légation de Hongrie, où il avait déclaré que c'était lui, qui avait mis en scène toute la conspiration et avait remis dans une lettre à son avocat sa déposition à ce sujet.

Au cours des débats on apprit que ceux des accusés qui étaient soupçonnés d'avoir été, comme courriers ou agents secrets, en contact avec la section d'informations de l'armée hongroise, ou avec quelque organe hongrois soupçonné de menées irrédentistes, furent inhumainement torturés, pour en extorquer des aveux compromettants

8. A la police politique les inculpés furent cruellement battus, inhumainement torturés, et c'est ainsi que leur furent arrachés des aveux.

pour les chefs des Hongrois de Transylvanie. C'est ainsi que fut inhumainement torturé le principal accusé, André *Tamás*, étudiant à la faculté des sciences techniques, de qui, même après qu'on savait publiquement qui étaient les auteurs de l'attentat commis au sénat roumain, on voulait arracher l'aveu qu'il était, — avec Kölcze et Petres, arrêtés à Brassó, — l'auteur de cet attentat, et cela sur l'ordre de la section d'informations de l'armée hongroise.

Des aveux entendus aux débats, non-seulement de ce procès, mais aussi des autres, il ressortit que la police politique a l'habitude d'employer de brutales voies de faits et d'inhumains supplices à l'égard de certains accusés pour leur arracher des aveux à son gré.

9. La Cour d'Appel ne put, sur 70 inculpés, en condamner que 7; 49 avaient donc été retenus en prison, bien qu'ils fussent innocents.

Ce procès fut jugé en appel le 16 mars. Aux débats précédents, sur 70 inculpés, 45 avaient été acquittés; 11, condamnés à une peine variant de 5 à 15 ans de travaux-forcés. En appel, 7 furent condamnés aux travaux-forcés pour 5 ou 10 ans et 4 furent définitivement acquittés. (Numéro du 18 mars 1922 de l'Ellenzék.)

10. Saint Antoine est recherché comme conspirateur et 26 de ses complices sont arrêtés

A *Nagybánya*, en automne 1921, à l'approche des fêtes de Noel, une quête fut organisée, suivant l'ancienne coutume, pour les enfants pauvres, parmi les bienfaiteurs hongrois. La liste de la quête fut ouverte par le curé catholique-romain Jean *Csáky*, qui inscrivit 5000 lei du „*tronc de Saint Antoine*" de la manière suivante: *Saint Antoine* . . . 5000 lei. Après Saint Antoine venaient encore 26 souscripteurs, donnant, il est vrai, de plus petites sommes. La Sigurantza eut vent de la quête; elle se saisit de la liste de quête et arrêta les souscripteurs. La Siguranza formula de suite l'accusation de „conspiration": „Les Hongrois font une quête pour un drapeau hongrois avec lequel il veulent, à son entrée, recevoir Nicolas *Horthy*". Les 26 „conspirateurs" arrêtés furent conduits à Szatmár. Là, le chef de la Siguranza exigea des gendarmes roumains qui les accompagnaient qu'ils lui amenassent aussi le généreux donateur qui s'appelait Saint Antoine. Les pauvres gendarmes se confondirent en excuses de n'avoir pu l'arrêter. Je l'arrêterai bien, moi, — s'écria le chef de la Siguranza, — et je lui ferai administrer de tels coups de bâton que toute sa vie il ne verra plus que rouge, blanc et vert".

Sur ce, le chef s'empressa de téléphoner à Nagybánya pour demander qu'on lui amenât Saint Antoine. La police de Nagybánya répondit qu'elle ne pouvait pas le prendre, parce que probablement il s'était enfui vers la frontière hongroise. Le chef de la Siguranza lança immédiatement à toutes les gares-frontière un mandat d'arrêt: J'ordonne l'arrestation de Saint Antoine, habitant aisé de Baiamare, car le susnommé est fortement soupçonné de conspiration contre l'État roumain et d'enrôlement secret.

Il a aussi secondé matériellement la conspiration avec 5000 lei. J'invite toutes les autorités militaires et civiles, gendarmeries, agences politiques et policières royales roumaines, au cas où elle trouveraient l'individu mentionné de l'arrêter et de le mener sous forte escorte au préteur du *Corpul Vanatorilor d'Oradeamare* (Conseil de guerre du Corps des chasseurs). Saint Antoine n'en resta pas moins introuvable, et lorsque, 25 jours plus tard, les souscripteurs incarcérés furent interrogés à Nagyvárad, le malentendu fut éclairci et les „conspirateurs" furent relâchés. (M., numéro 268 du 29 nov. 1921.)

11. Déclaration faite au Parlement roumain sur l'accusation d'irrédentisme par l'unique député des 2.000,000 de Hongrois

Dans son discours du 10 avril 1922, le Dr. Georges *Bernády*, l'unique député des 2,000,000 de Hongrois de Roumanie, dit ce qui suit relativement à l'accusation d'irrédentisme. C'est ici uniquement, dans les limites de cet État, que nous désirons, dans l'intérêt de toutes les questions qui nous concernent, exécuter un travail loyal. Par contre, il est possible de me demander d'où vient alors la longue série des procès de trahison et de conspiration intentés contre mes frères de race. A cette question je réponds: veuillez étudier la longue série des procès jugés jusqu'ici, et vous constaterez alors que ce n'était qu'un ou tout au plus deux procès qui reposaient sur une base sérieuse. Je ne dis pas que dans nos rangs il n'existe ni rêveurs, ni névropathes, mais pour eux, il n'est pas possible de rendre responsable la totalité . . . A notre charge le seul facteur qui puisse nous être imputé par les gens prévenus, c'est que notre langue maternelle est différente, que nous sommes nés Hongrois, que nous avons été élevés comme tels et que, malgré notre changement de souveraineté, nous voulons rester Hongrois et mourir comme Hongrois. Nous faisons concorder avec loyauté notre nouvelle nationalité avec notre caractère hongrois, et nous tâchons de toutes nos forces d'être non seulement de fidèles enfants de notre race, d'honnêtes partisans de notre civilisation, mais aussi d'être de sincères et fidèles citoyens du royaume de Roumanie. Que personne ne veuille faire de nous des renégats, car celui qui est capable de renier sa race, trahit à l'occasion sa patrie, son roi et même son Dieu. (Aradi Közlöny, 13 mai 1922.)

12. Bastonnade administrée à un doyen de théologie.

Dans les deux premières années, c'est-à-dire en 1919 et en 1920, de graves voies de fait furent commises, dans le nombreux cas, contre les membres de la classe intellectuelle hongroise. Depuis 1921, ces cas, à l'exception des tortures appliquées à ceux qui se trouvaient en prison préventive, sont devenus plus rares. Au printemps 1921, fut arrêté le doyen de la faculté de théologie unitaire de Kolozsvár. L'accusation contre lui était que, en hiver 1920, lorsque la Mission Unitaire Américaine parcourait la Transylvanie, il avait informé cette mission dans un esprit hostile au gouvernement roumain et que, pour cette raison, ce rapport contient un jugement défavorable sur le gouvernement roumain. Il fut mis en prison, où il fut trois fois roué de coups de fouet. Lorsque les autorités de l'Église unitaire se plaignirent par la voie des missions anglaises et américaines, la police roumaine nia tout simplement les mauvais traitements de ses organes. Pour expliquer les contusions visibles sur son corps, il dirent que, vu le manque d'espace, ils l'avaient enfermé dans une cellule, en compagnie d'un prêtre catholique et d'un pasteur calviniste, et qu'une discussion théologique, qui s'était élevée entre eux, dégénéra à tel point qu'ils s'étaient pris aux cheveux et qu'il en portait les traces sur son corps.

13. Tortures dignes du moyen-âge. Blessures faites au rasoir. Salaison de blessures. Aiguilles enfoncées sous les ongles. Fendage de l'os frontal. Oeuf brûlant mis sous l'aisselle. Rupture des os des doigts. Pendaison. Interrogatoire hypnotique. Dans un chenil en hiver. Dernier traitement avant l'échange.

Parmi ceux qui, en raison de l'échange des prisonniers, arrivèrent à Budapest le 8 déc., se trouvait Árpád *Barta* qui, amputé de la jambe gauche depuis la racine, était encore si souffrant des coups qu'il avait reçus, qu'à son arrivée, il dut être porté en civière. Árpád *Barta*, estropié à 26 ans et couvert d'innombrables blessures, nous raconta les détails suivants sur son calvaire d'une année :

Il termina ses études à l'école d'Industrie métallurgique de Késmárk. Après avoir perdu dans la guerre, à la fin de 1916, sa jambe gauche, il habitait en automne 1920, Brassó, sa ville natale, où il se creusait la tête pour faire des inventions. Pour l'une de ses inventions, il voulait acheter, le 11 décembre, chez un électrotechnicien de Brassó du nom de Kertész, des tuyaux en aluminium. Le lendemain, il partit pour Craïova, où il fut immédiatement arrêté, comme auteur de l'attentat commis le 7 déc. contre le sénat de Bukarest. Il fut, le même jour, c'est-à-dire le 12 déc., mené à Bukarest et, déjà à 5 heures de l'après-midi, à la Siguranţza générale, où le Dr. Biano, chef de la Siguranţza, et les commissaires Tato et Georgesco se mirent à l'interroger. Comme il ne reconnaissait pas avoir commis cet attentat contre le sénat, il fut remis à deux détectives qui eurent mission de lui arracher des aveux. Ceux-ci le menèrent dans une cellule, lui donnèrent jusqu'au sang des coups de nerf de boeuf et le ramenèrent ensuite devant le chef Biano, mais, comme il persistait à nier, Biano le rendit aux détectives.

Alors ceux-ci lui coupèrent avec un rasoir le pouce de la main gauche, la paume de la même main et le bout du petit doigt de la main droite. Ils introduisirent, dans les plaies de 2 à 3 centimètres, du sel qu'ils firent pénétrer dans les plaies en les y poussant avec des aiguilles. Cette torture, néanmoins, n'amenant pas l'aveu espéré, une grosse aiguille lui fut introduite à un centimètre de profondeur sous l'ongle de l'index de la main gauche. (La trace de ces plaies est encore maintenant très visible.) Il fut ramené devant Biano, qui ne fut point content de l'insuccès, et le rendit de nouveau aux détectives.

Alors une baïonnette à pointe émoussée fut mise à un fusil; l'inculpé fut placé contre le mur de façon à ce que sa tête fût adossée au mur et, dans cette position, on lui appuya lentement la pointe de la baïonnette sur le front. Lorsqu'elle eut pénétré dans l'os frontal, elle fut tiraillée à droite et à gauche. Le supplicié s'évanouit. Il fut aspergé d'eau et, pour le faire revenir à lui, on lui mit sous l'aisselle un oeuf brûlant, cuit sur un réchaud à l'esprit-de-vin. Lorsqu'il se releva, il fut de nouveau conduit devant le chef Biano; mais, alors non plus, il ne fit pas l'aveu désiré, et c'est pourquoi il fut ramené dans la chambre de torture, où on lui mit entre les doigts de la main gauche de gros crayons, puis on lui pressa ainsi fortement les doigts. Quelques instants après, deux bûches de bois lui furent assujetties sous les bras des deux côtés; leurs bouts furent tirés par devant et par derrière avec des courroies à faire craquer les côtes; puis, il fut dans cet attirail, suspendu à un crampon, position dans laquelle, au bout de dix minutes, le sang lui coula de la bouche et du nez jusqu'à ce qu'on l'eût dépendu. Lorsque, plus tard, il finit par revenir à lui, il fut derechef mené devant Biano, mais il ne put rien dire de nouveau.

Alors, sur l'ordre du Dr. Biano, un „domnu doctor" l'hypnotisa. Celui-ci réussit à l'endormir et, à son réveil, on lui fit signer une déclaration, dont le contenu, toutefois, ne fut connu que le 17 janv. 1921, aux débats devant le conseil de guerre. A deux heures du matin, ses tortures prirent fin.

A deux heures du matin, on le mena dans un coin de la cour et on le poussa, plié en deux, dans un chenil vide, où de suite tous ses vêtements se gelèrent sur son corps, à cause de l'épouvantable vent et du froid excessif. Un gardien armé veillait sur lui. Le 13 déc. 1920, à 9^h du matin, on vint le chercher et on dut casser la glace autour de lui, pour pouvoir le retirer du chenil. Il fut mené devant Biano, qui ordonna de le conduire à Kolozsvár.

Le 14 déc. 1920, à 11 heures du matin, il arriva à Kolozsvár, dans la voiture des prisonniers, et fut conduit à la Sigurantza devant Biano, où il fut confronté avec deux inconnus. De là, on le mena à la prison du Parquet, où on l'enferma dans une prison où se trouvaient quatre assassins. Le 17 déc., on le conduisit dans la forteresse de Felleg; on l'y retint en prison cellulaire jusqu'au 15 janv. 1921, où il fut envoyé à Bukarest aux débats du conseil de guerre.

Les débats en conseil de guerre commencèrent le 17 janv. 1921. Le commandant *Arama* et le lieutenant *Sirbo* (sachant le hongrois) furent délégués d'office pour lui servir d'avocats. Sauf le président, quatre membres du tribunal, les deux défenseurs, le chef de la Sigurantza *Biano* et le ferblantier de Brassó Kertész, personne n'assistait à l'audience. Le principal point de l'accusation était l'aveu, soi-disant fait dans le sommeil hypnotique, d'après lequel: si l'attentat contre le sénat ne réussit pas, il commettra un attentat avec son propre organisme. Comme Biano le lui avait fait signer en son temps, on considéra ce papier comme une preuve irrécusable et on le condamna à mort. Le 18 janv., on le mena à Brassó, où on l'enferma à la forteresse de Felleg, dans laquelle il resta jusqu'au 4 mars, où on lui annonça que sa peine avait été commuée en celle des travaux-forcés à perpétuité. Le 20 mars, il fut mené à la mine de sel d'Ocnele-Mare, où les forçats ont les deux mains liées aux pieds par des chaines, de manière à pouvoir travailler malgré les chaines. (Là, se trouvaient aussi avec lui: le capitaine Jules *Boros* et Alexandre *Radeczky*, rentrés en Hongrie lors de l'échange des prisonniers.) Le 4 juillet, sa peine fut réduite à 15 ans, et il fut mené à Ocna, autre mine de sel, où le travail se faisait sans chaines. (Là, se trouvaient aussi avec lui le chef de gare Eugène *Schö* et Jean *Horváth* de Székelyudvarhely).

Le 4 oct. 1921, il apprit qu'il serait échangé. Le 10 oct., il fut envoyé à Nagyvárad et y fut enfermé dans la prison du Parquet, où 12 soldats du IVe régiment de chasseurs veillaient sur lui, sous le commandement du sous-lieutenant Popesco, qui était prolixe d'outrages contre les Hongrois. Le 27 oct., il fut envoyé pour une appendicite à l'hôpital israélite. Le 1er nov., il y reçut la visite d'un colonnel anglais et du Dr. *Turcsány*, délégué ministériel, qui l'interrogèrent sur ses souffrances. Cet entretien eut également pour témoin le Dr. *Vértes*, médecin de l'hôpital. Après le départ de la commission, le lendemain se présenta à l'hôpital le Subsef de la Sigurantza, accompagné de deux détectives, dont l'un ne savait pas le roumain et et ne parlait que le hongrois, se faisait appeler: monsieur le baron, était vieux, grand, maigre et portait un monocle. Ils voulurent savoir ce dont il avait parlé à la mission. Il ne le dit pas, on le mena alors dans le sous-sol, dans une chambre réservée aux fous furieux et là, on le battit jusqu'au sang à coups de nerf de boeuf. On lui frappa principalement le cou, le visage et l'oreille droite et il a maintenant encore l'oreille droite déchirée par les coups. Le baron se fit particulièrement remarquer par sa cruauté. Le 4 novembre, deux soldats et un caporal le menèrent chez le procureur. En franchissant le seuil de la porte, ils recontrèrent ces trois hommes de la Sigurantza avec le baron; ceux-ci firent signe aux soldats et, alors, l'un de ces derniers lui donna avec la crosse de son fusil un si fort coup à la tête qu'il tomba sur-le-champ et là, sur le sol, il continua à lui donner de tels coups que se produisit un saignement interne entre la 5e et la 6e côte, ainsi qu'il fut plus tard constaté à l'hôpital. Il gisait dans cette posture et le sang lui sortait par la bouche et le nez. On appela le procureur, à qui l'on dit qu'il s'était ainsi affaissé de lui-même. Le procureur ordonna immédiatement de le transporter à l'hôpital; il y resta jusqu'au 8 décembre, où on le mena à la gare et, le même jour, à 10 heures du matin, il fut remis aux autorités hongroises. Arrivé à Budapest, à 10 heures du soir, il dut être transporté sur une civière. (Procès-verbal.)

14. Atteintes à la dignité humaine. Atrocités.

Nous ne donnons point ici la nomenclature des atrocités, au nombre de plusieurs milliers, qu'en 1918 et 1919, les soldats roumains de l'armée d'occupation, ivres de leur triomphe, firent subir aux Hongrois ayant, le 13 nov. 1918, en vertu de l'armistice de Belgrade, déposé les armes, car ces atrocités sont considérées, en général, comme un vestige des horreurs de la guerre. Néanmoins, il est impossible de passer sous silence les procédés brutaux employés par les autorités officielles, après le début de la vie parlementaire en Roumanie, et même après la ratification du traité de paix, qui forment une chaîne systématique et peuvent être vraiment considérées comme des atteintes à la dignité humaine.

Pour montrer quels sentiments ces atrocités éveillent dans l'âme du peuple hongrois de Transylvanie nous reproduisons l'opinion d'un professeur roumain de Bukarest.

14 a. Déclaration d'un paysan hongrois: Plutôt la mort que les coups!

L'Adeverul de Bukarest (10 mars 1922) relate l'épisode suivant: Un professeur qui prit part aux luttes électorales de Transylvanie, raconte divers détails sur l'état d'âme de la population transylvaine. Les propos d'un vieillard hongrois du comitat de Háromszék sont surtout dignes de remarque:

— Nous vivons dans de bien mauvais temps, monsieur le professeur!

— Pourquoi mauvais?

— Monsieur, auparavant on tuait les gens, mais on ne les battait pas. Mieux vaut la mort que les coups.

Ces quelques mots montrent d'une manière caractéristique l'amour-propre du paysan hongrois de Transylvanie, qui supporte plus volontiers n'importe quelle adversité plutôt qu'une mesure humiliant sa dignité d'homme. Nous pouvons maintenant nous imaginer quelles traces laisse dans l'âme des Hongrois le régime roumain, où, comme représailles, en invoquant les lois, les autorités roumaines, par esprit de persécution et de haine, font donner la bastonnade avec une cruauté sauvage, même à des ecclésiastiques, à des femmes. (Numéro du 13 mars 1922 du Brassói Lapok.)

En outre des atrocités commises vis-à-vis d'ecclésiastiques et relatées dans les chapitres précédents, d'innombrables Hongrois, sous les prétextes les plus ineptes, subirent un martyre qui ne put être enregistré et dont il ne peut être demandé compte par la justice humaine . . . Nous mentionnerons, toutefois, quelques cas, uniquement pour montrer la tendance du régime existant.

14/b) Battu à mort.

A Nagyvárad, Jules *Weiszlovits*, propriétaire de maison, loua une partie de son logement à des Hongrois chassés „chez eux", (car, d'après un décret roumain, les fonctionnaires n'ayant pas prêté serment étaient tenus de retourner dans leur lieu de naissance ou d'aller à la ligne de démarcation de la Hongrie comme „rapatriés" d'office.) Le commandement militaire exigea que Weiszlovits congédiât „volontairement" de son logement les Hongrois réfugiés et cédât „volontairement" leur place à des officiers roumains. Weiszlovits n'était point disposé à faire déloger ses malheureux locataires, et, pour cette raison, il reçut *25 coups de bâton*. Deux jours plus tard, le commandement militaire réitéra sa „demande", et le propriétaire, — homme d'âge avancé, — qui ne voulait pas y adhérer, reçut de nouveau 25 coups de bâton et mourut quelques jours après des suites des souffrances qu'il avait endurées. (N. V., 8 avril 1920.)

14/c) Juge d'arrondissement, assesseur à la Chambre des tutelles et avocat, battus jusqu'au sang.

A *Sepsiszentgyörgy*, écrit, dans son numéro du 21 févr. 1922, le 8 órai Ujság de Kolozsvár, la Sigurantza fit arrêter le juge d'arrondissement C. *Kovács*, l'assesseur à la Chambre des tutelles A. *Barabás* et l'avocat, docteur Coloman *Sipos*, soupçonnés de conspiration. Au cours de l'interrogatoire, les prévenus furent battus à coups de canne plombée, jusqu'à ce qu'ils tombassent sans connaissance. Leur famille firent en vain toutes les tentatives possibles pour faire délivrer de la chambre de tortures de la police leurs proches battus à sang. Enfin, intervint le baron Béla *Szentkereszthy*, qui offrit toute sa fortune pour la mise en liberté des innocents arrêtés. Lorsque ces derniers, couverts d'horribles blessures, sortirent de la police, le chef de la police déclara que ce n'était qu'une erreur qui avait été commise.

14/d) Les détenus battus jusqu'au sang sont obligés de se battre entre eux.

Le 8 sept. 1921 dans la nuit, Jules *Lörincz* et Michel *Konerth*, commis de magasin, furent conduits à la police de *Csikszereda*. Ils y furent roués de coups jusqu'au sang. Les premiers coups furent appliqués par Tabán, chef de la police. Puis ils furent emprisonnés. A l'aube, les policiers entrèrent dans leur prison et se mirent de nouveau à les battre. Puis, ils ordonnèrent à Michel Konerth de souffleter lui-même son camarade. Lorsque les policiers virent qu'il n'exécutait pas cet ordre avec assez d'énergie, ils se remirent à le frapper. (Brassói Lapok).

Jon *Pop*, détective de la police de Nagykároly, recherchait dans la commune de *Csonakös* une machine à couper le tabac qui avait été volée. Pendant son enquête, il arrêta l'instituteur catholique-romain Jean *Prinzinger* et le mécanicien Jean *Angyal*. Comme aucun des deux ne savaient rien au sujet de cette machine, le détective les fit déshabiller tous les deux et les soumit à un interrogatoire en leur enfonçant dans la chair des aiguilles rougies au feu. (Numéro du 8 févr. du journal Szamos).

14/e) Interrogatoire à nu et en enfonçant des aiguilles rougies au feu.

A *Temesvár*, un ouvrier nommé Michel *Vass* fut, pour un délit quelconque, arrêté par la police; il fut si effroyablement battu, qu'il en mourut. L'autopsie constata que, des pieds à la tête, son corps était plein de contusions. Son corps ne présentait pas une seule place qui ne portât trace des coups. Les médecins constatèrent, sur le cadavre, 60 coups d'une telle grièveté. En même temps que lui, avait été arrêté un ouvrier du nom de Martin *Weis*, qui avait été également si fortement battu qu'il dut être transporté à l'hôpital. Il avoua avoir été battu, en compagnie de Michel Vass, par deux officiers de police et deux policiers. (Numéro du 16 févr. 1922 du Temesvári Hírlap).

14/f) L'inculpé, saignant de 60 graves blessures, meurt entre les mains des policiers.

A *Szatmár*, *Kerekes*, président du cercle des artisans, fut, à cause d'un incident survenu pour un logement, battu par un officier roumain. Lorsque Kerekes protesta contre cette brutalité, il fut de nouveau battu. Enfin, il demanda à être conduit devant le colonel *Neagu*, pour porter plainte. Il fut mené, les menottes aux mains, devant ce colonel, qui, lorsqu'il apprit qu'un Hongrois osait protester, au lieu d'écouter cet homme sans défense, lui donna des coups de pied et le souffletta de sa propre main. (R. 4 nov. 1921.)

14/g) Les Hongrois sont aussi battus pour la seule raison qu'ils sont hongrois.

A *Udvarhely*, le 6 févr. 1919, les membres du nouveau corps de fonctionnaires roumains et l'armée organisèrent, en l'honneur de la réunion de la Moldavie à la Valachie, une fête nationale avec danse sur la place de la ville. De l'une des fenêtres du collège donnant sur la place, un élève cria soi-disant au public: Vive la Hongrie! Alors le préfet *Neamto*, s'adjoignant des soldats, frappa „de ses propres pieds" à la porte de l'institut, jusqu'à ce que, sur ses menaces et ses insultes, on finît par l'ouvrir. A la tête des soldats, il fit irruption parmi les élèves du collège assemblés. Comme il ne put savoir qui était le prétendu coupable, le préfet donna de tels coups à un enfant de 13 ans, qu'il lui cassa la mâchoire inférieure; il choisit 11 élèves et leur fit administrer à tous la bastonnade à la préfecture. Là, un certain Géza *Fosztó*, élève de la VIe classe, en voyant les tortures de ses camarades, prit sur lui d'avoir crié:

14/h) Fustigation et bastonnade d'élèves.

Vive la Hongrie! Le faible enfant fut alors déshabillé à nu et battu jusqu'à ce qu'il s'évanouit en compagnie de ses camarades.

Il arriva ensuite à plusieurs reprises que 15 ou 20 soldats roumains en armes se présentèrent dans les salles d'étude et emmenèrent toujours avec eux quelques élèves à qui ils donnèrent la bastonnade et qu'ils relâchèrent après quelques jours de prison. Le genre de bastonnade qu'ils employèrent consistait en ce que deux soldats roumains s'asseyaient sur les jambes et sur la tête du pauvre élève, tandis qu'un troisième, avec la boucle de son ceinturon appliquait à l'enfant d'effroyables coups avec une répugnante cruauté. (V. 11. déc. 1919.)

14/i) Bastonnade, sur la grande place, d'un ancien lieutenant-colonel de gendarmerie hongrois.

A *Kolozsvár*, le 10 mai 1922, se jugea au tribunal royal roumain un procès en diffamation, dans lequel Juon *Nemes*, préfet de police de Csikszereda figurait comme plaignant et un journaliste hongrois comme défendeur. Le président *Bohatiel* posa entre autres la question suivante au préfet de police:

— Est-il vrai que vous ayez fait donner sur la grande place de Csikszereda la bastonnade à un ancien lieutenant-colonel de gendarmerie.

— C'est vrai, mais avec droit, car il avait souffleté un agent, — répondit le préfet de police.

Le président du tribunal n'approuva point la manière de voir du préfet de police, mais le „diffamateur" n'en fut pas moins condamné à une amende principale de 200 lei et à une amende complémentaire de 100 lei. (5 órai Ujság, numéro 105 du 11 mai 1922.)

14/j) La police fait battre jusqu'au sang un négociant, puis exprime ses regrets.

A *Sepsiszentgyörgy*, le négociant Samuel *Berger* fut conduit à la police, où le préfet de police s'entretenait à haute voix avec une femme en roumain, dont Berger ne comprenait rien, car il ne savait pas un mot de roumain. Puis, le préfet de police s'attaqua à Berger et l'appela escroc. Berger protesta contre l'injure et alors deux policiers et le détective *Diosan* le menèrent dans la cour du fond, où ils le rouèrent de coups, lui piétinèrent le dos en lui donnant des coups de pied et ensuite, après l'avoir fait déshabiller, l'enfermèrent dans une cellule. Dans l'intérêt du disparu Berger, une députation, composée de plusieurs négociants, s'adressa au préfet Vasile *Pop*, qui arrangea favorablement l'affaire. Lorsque Berger sortit de prison, les médecins constatèrent qu'il avait des contusions produites par des boucles de ceinturon, des coups de plat de sabre et des coups de pied. Ce n'est qu'alors qu'il fut découvert que la femme d'un policier roumain avait dénoncé Berger, parce que, dans son magasin, le beau-père de ce dernier n'avait pas donné de la fine fleur de farine à la femme du policier, ce qu'ignorait Berger. A sa sortie de prison, on lui fit signer une décla-

Photographie prise dans un village transylvain par un officier de l'Entente.

Le gendarme roumain „administre et répartit la justice" à coups de knout dans les contrées hongroises.

ration, d'après laquelle il n'avait aucune plainte à formuler et alors l'officier de police lui exprima ses regrets pour ce qui s'était passé. (Numéro du 17 nov. 1920 de l'Erdélyi Ujság.)

14/k) Plutôt mourir que d'être arrêté.

A Brassó, le 23 avril 1920, à l'occasion du tirage au sort, Guillaume *Bálint*, jeune homme de Bácsfalu, reçut à la tête une plaie allongée et, à la poitrine et au dos, des coups de baïonnette, puis fut tenu en prison pendant plusieurs semaines. On finit par le relâcher. Quelques mois après, la gendarmerie l'informa que le lendemain il serait mené a Nagyszeben. Il était si aigri de la précédente manière d'agir de la part des Roumains, ainsi qu'il le dit dans sa lettre d'adieu, qu'il se rendit à la forêt et s'y pendit. (Numéro du 17 nov. 1920 de l'Erdélyi Ujság.)

14/l) L'amoureux commissaire de police fait donner, sous prétexte d'irrédentisme, la bastonnade à son rival.

A *Resica* jouait la troupe théâtrale de Nicolas *Unghvári*. La primadonna de la troupe Lili *Borbély*, que courtisait aussi le jeune-premier, Bandi *Rudas*, s'attira la flamme du commissaire de police, Sava *Guto*. Le commissaire de police roumain se débarrassa de son rival en envoyant, à quatre heures du matin, des détectives chez Bandi Rudas, le fit amener à la police comme *irrédentiste* et lui fit donner la bastonnade de telle manière qu'il dut être immédiatement transporté à l'hôpital. (Ellenzék, 10 mai 1922.)

14/m) La gendarmerie perçoit pour elle-même un impôt sur la population.

A *Sepsibükkszád* (comitat de Háromszék), la nouvelle autorité roumaine ordonna que toute maison payât mensuellement 5 lei pour l'alimentation de la gendarmerie roumaine et que, en outre, tout propriétaire de vache remît à la gendarmerie deux litres de lait par jour, au prix de 4 lei et demi par semaine. (Numéro censuré du 14 oct. 1920 du journal Brassói Lapok.)

14/n) Degré de culture de la police roumaine.

Romulus *Voinesco*, chef de la Sigurantza, fit à Bukarest, le 22 mars 1922, devant des magistrats, une conférence, dans laquelle il s'exprima de la sorte au sujet du niveau de la police roumaine: „Aujourd'hui que, en ce qui concerne la criminalité, nous tenons le pas avec les États d'Occident, l'instruction criminelle ne pourrait se faire qu'à l'aide de la science et non pas grâce aux coups de poing et soufflets donnés par la police. Malheureusement, la plus grande partie du personnel de la police est due à la protection d'hommes politiques et sa culture est si minime qu'à l'école de police, les cours, même donnés dans une forme vulgaire, n'y sont pas compris. (Numéro du 15 mars 1922 de la Dimineata.) Si la police roumaine est telle dans la capitale de la Roumanie, que peut-elle être dans les provinces roumaines „occidentales" nouvellement annexées?

X.

Aux termes de l'alinéa 1 de l'article 8 du chapitre I du Traité du 9 déc. 1919 relatif à la Protection des Minorités, tous les ressortissants roumains jouissent des mêmes droits civils et politiques et, aux termes de l'alinéa 2, pour l'exercice des différentes professions et industries, la différence de religion, de croyance ou de confession ne devra nuire à aucun ressortissant roumain.

Différence entre les droits des citoyens des différentes nationalités introduite sur le terrain industriel et commercial.

1. Pour l'aptitude aux fonctions publiques il faut aussi des documents prouvant la nationalité.

Le ministère roy. de l'Intérieur de Roumanie décida qu'à partir du 1er nov. 1921, les administrateurs d'arrondissement (sous-préfets) sont tenus de passer préalablement un examen d'aptitude. La permission de passer cet examen peut être demandée par ceux qui ont achevé leurs études universitaires, ou ont été capitaines, lieutenants en activité, ou ont fait leurs études de secrétaire de canton. En outre des autres documents, la demande d'admission doit être également accompagnée des papiers permettant de constater la „nationalité" (nationalitatei) du pétitionnaire. (Numéro du 14 oct. 1921 du journal Dacia.) Il ne s'agit donc pas de certificat de ressortissant, mais de certificat prouvant à laquelle des nationalités appartient le pétitionnaire.

2. Annonce officielle de la ruine des artisans hongrois.

A *Kolozsvár*, une députation d'artisans s'étant présentée au préfet D. *Barbul*, pour se plaindre de la déraisonnable et maladroite maximation des prix et d'autres injustices sur le terrain de l'industrie, le préfet répondit ouvertement qu'il ruinerait les artisans „hongrois". (R. 10, II, 1921.)

3. Réquisiton au profit de Roumains de magasins d'artisans et marchands hongrois.

A *Kolozsvár*, le 23 avril 1920, l'ancien magasin du marchand bien connu Alexandre *Abrahám* fut réquisitionné par le commissaire gouvernemental des logements au profit de Juon *Popa*, qui avait déjà un magasin sur la grande place et qui s'était récemment établi à Kolozsvár. Un délai de 24 heures était fixé pour vider le grand magasin de nouveautés. Ce procédé arbitraire causa au propriétaire une si forte crise de nerfs qu'il dut être mis dans une maison de santé. Néanmoins, le magasin fut vidé et remis par la force armée. (Voir ci-dessus pour les détails!)

A *Kolozsvár*, furent réquisitionnés pour des Roumains: le magasin que le cordonnier Ignace *Ferenczy* occupait depuis 40 ans, le magasin de cordonnerie de Salomon *Kappel*, la moitié du magasin de tanneur de Daniel *Andrásowszky*, président de la corporation, et, pour servir de poste de police, le local d'entreprise de pompes funèbres de Pierre *Czetz*. (10 févr. 1921.) A *Kolozsvár* les locaux de l'ancienne corporation d'artisans hongrois furent aussi réquisitionnés. (R. 10, II, 1921.)

4. Les fêtes grecques-orientales sont déclarées fêtes légales pour les Hongrois également

Les fêtes de l'Église grecque-orientale et de nombreuses fêtes nationales nouvellement fixées sont déclarées fêtes légales obligatoires pour tous, ce qui porte un immense préjudice aux artisans. Pour le jeûne et pour les fêtes des Pâques grecques-orientales, il est projeté d'imposer une semaine entière de chômage. (R. 10, II, 1921.)

A *Marosvásárhely*, où, sur 25,517 habitants, il n'y en a que 761 de religion grecque-orientale roumaine, le préfet de police *Cariade* passa en revue, le 6 mai 1922, les magasins de la grande place et ordonna aux marchands de fermer *immédiatement* à cause de la fête de la Saint-Georges grecque-orientale. Ceux-ci invoquèrent le décret du ministre de l'Intérieur, lequel fixe exactement quelles sont les fêtes obligatoires, parmi lesquelles n'y figure point la fête roumaine de la Saint-Georges et se fie ainsi, pour la célébrer ou non, aux sentiments religieux des commerçants. Le préfet de police *Cariade* menaça, néanmoins, les marchands d'avoir recours à la force et ils furent de cette manière contraints d'obtempérer à l'injonction. (5 órai Ujság, numéro 103 du 9 mai 1922.)

5. Dispositions de la loi industrielle roumaine contraires au traité relatif à la Protection des Minorités.

La validité de la loi de 1912 sur l'encouragement de l'industrie nationale (Lege pentru incurajarea industriei nationale) a été, par décret du ministère de Commerce No. 95380 du 6 déc. 1920, étendue au nouveau territoire. Ses principales dispositions sont:

§ 18. Les membres de la commission des impôts sur l'industrie doivent être roumains et âgés d'au moins 30 ans révolus.

§ 21. Parmi les ouvriers occupés par toute entreprise bénéficiant des faveurs de la présente loi, les Roumains doivent figurer pour une proportion d'au moins 75%.

75% du personnel administratif doivent être des Roumains, tout au plus tard jusqu'à l'expiration de la première période, dans toute catégorie subventionnée.

Dans l'effectif du personnel technique également, 25% au moins doivent être des Roumains au commencement de la deuxième période subventionnée, et 60%, au commencement de la troisième période subventionnée.

§ 25. Les entreprises subventionnées sont tenues d'envoyer chaque année au ministère du Commerce, pour l'année écoulée, leur bilan et la liste indiquant le nom et la nationalité de leurs ouvriers et de leur personnel administratif et technique.

6. Interprétation de la nationalisation des établissements industriels et commerciaux.

La nationalisation des sociétés industrielles est comprise de telle sorte que, dans la direction de la société, ne peuvent prendre place que des Roumains de naissance. Sans décret, les anciennes licences industrielles en langue hongroise furent échangées, à prix d'or, contre des licences en langue roumaine. Les demandes en langue hongroise, malgré les dispositions contraires d'un décret à ce sujet, sont rejetées. (R. 10, II, 1921.)

Le fonctionnement da la Chambre de Commerce et d'Industrie de Kolozsvár ne fut permis par le gouvernement roumain que si le président, l'un des vice-présidents et la moitié des membres de la direction sont choisis parmi des Roumains de naissance; or, les Roumains ne représentent que 23% des membres de cette Chambre. (Infratirea, 6 nov. 1921.)

La condition posée pour le fonctionnement des corporations industrielles est la même que pour les Chambres de Commerce et d'Industrie. (Consum, 11 déc. 1921.)

La condition posée pour le fonctionnement des banques et sociétés anonymes de fondation hongroise est qu'une partie des actions soit cédée à des Roumains de naissance et que, dans la direction, figurent des membres de la nationalité roumaine. (Ellenzék, 14 févr. 1922. — Szilágyság, 2 déc. 1921. — Szamos, 5 nov. 1921.)

La loi sur les coopératives de village s'étendant aussi à la Transylvanie, la direction centrale publie, sous le No. 42,046 du 22 déc. 1921, un concours pour les places d'inspecteur, pour lesquelles la première condition d'admission est que le pétitionnaire soit „roumain", c'est-à-dire non pas seulement ressortissant roumain. (Numéro du 13 janv. 1922 de la Vointa.)

A *Kolozsvár* une permission fut demandée pour la création d'une fabrique de cordes, et l'autorité, invoquant le décret de nationalisation, n'accorda la permission qu'à condition que la direction de l'entreprise et le personnel employé se composent de 50% de Roumains de naissance. (Numéro du 29 déc. 1921 du Keleti Ujság.)

A *Marosvásárhely*, trois médecins voulaient ouvrir une maison de santé. L'inspectorat de l'hygiène publique ne fut disposée à le permettre que s'ils prenaient aussi comme associé un médecin roumain.

7. A l'école d'industrie ne sont reçus que des Roumains de naissance.

Dans son numéro du 28 août 1921, l'Indreptarea dit qu'à Temesvár a été ouverte une école d'industrie textile, dans laquelle ne sont reçus que des élèves roumains ayant achevé leurs études secondaires, pour que, avec le temps, les techniciens „étrangers" puissent être évincés des fabriques de textile.

8. Les Hongrois de naissance sont exclus du nombre des employés des entreprises même de fondation hongroise.

D'après l'avis No 80-A. I. du 2 janv. 1922, (paru dans le numéro du 7 janv. du Keleti Ujság de Kolozsvár), de la *Société anonyme des Chemins de fer de la vallée de la Szamos*: „Les chemins de fer de la vallée de la Szamos cherchent, pour engagement immédiat, un ingénieur-mécanicien, un ingénieur-constructeur, un mécanicien (ayant achevé l'école supérieure d'industrie), un jeune homme ayant achevé son droit, deux ou trois jeunes gens ayant achevé leurs études commerciales et plusieurs bacheliers ou jeunes gens ayant achevé au moins les 6 premières classes de l'enseignement secondaire. Peuvent se présenter ceux qui, ayant le roumain comme langue maternelle, possèdent parfaitement le roumain et le hongrois, verbalement et par écrit, et savent éventuellement l'allemand et le français. Les demandes et documents doivent être adressés jusqu'au 20 janv. à la Direction à Deés".

9. Sur le revenu des marchands des villes hongroises l'autorité prélève et encaisse une offrande pour la construction d'une église roumaine.

A *Sepsiszentgyörgy*, le Dr. *Crisan*, primar, invoquant le décret préfectoral No 156/921, ordonna, sous le No. 6532/920 du 25 janv. 1921, à la coopérative de consommation de cette ville de payer immédiatement entre les mains du secrétaire du préfet Romulus *Cosma*, au profit de l'église roumaine grecque-orientale, 5000 lei et, à la caisse de la ville, 19,000 lei, sur les recettes de la vente du sucre. (R. 10, II, 1921.)

10. Les licences sont retirées, aux cochers de fiacre qui, en parlant, se servent des anciens noms de rues hongrois.

A *Marosvásárhely*, où, sur 25,517 habitants, il n'y en a que 1717 de langue maternelle roumaine, *Cariade*, préfet de police, manda chez lui, le 7 mai 1922, le président de la corporation des cochers de fiacre, nommé *Fischer*, et lui intima que les cochers de fiacre ne s'avisassent plus se servir des anciens noms hongrois (séculaires) des rues. Au cas où, en parlant, un cocher désignerait sous ce nom quelque rue ou quelque place, sa licence lui serait aussitôt retirée. Le président lui expliqua en vain que, dans cette ville exclusivement hongroise, les nouveaux noms n'étaient pas encore de notoriété publique (la population ne sait encore pas même *prononcer* les nouveaux noms roumains) et qu'ainsi il était impossible d'y contraindre les cochers de fiacre. Le préfet de police répondit en se mettant à siffler ce qui signifiait que l'honorable président de la corporation n'avait qu'à se retirer. (5 órai Ujság, numéro 103 du 9 mai 1922.)

Dans son numéro du 19 févr. 1922, le *Temesvári Hirlap* dit ceci: Le plus important serait qu'aucune entrave ne soit opposée au travail productif et créateur, et que, dans la gestion, dans l'activité et dans l'appréciation de tout homme, de toute firme, de toute entreprise, la question décisive ne soit pas de savoir à quelle nationalité appartient le propriétaire ou le directeur de ladite maison ou de ladite entreprise. Par contre, en plus d'un cas, tâchèrent de prévaloir des tendances, en vertu desquelles il fut pris en considération à quelle nationalité appartenaient les propriétaires de certaines maisons.

11. Les firmes industrielles et commerciales sont jugées suivant leur nationalité.

XI.

Aux termes de l'article 2 du chapitre I du Traité du 9 déc. 1919 relatif à la Protection des Minorités, la Roumanie assure à tous pleine et entière protection de leur vie et de leur liberté;

aux termes de l'article 8, tous seront égaux devant la loi et jouiront des mêmes droits civils et politiques;

aux termes de l'article 9, les minorités ethniques, de religion ou de langue, jouiront du même traitement en droit et en fait que les autres ressortissants roumains.

A) Mesures préjudiciables de la loi foncière.

Le maximum de propriété expropriable est, pour l'ancien royaume, dans les contrés à population peu dense, de 200 hectares; dans celles à densité moyenne, de 300 hectares, et dans celles à grande densité, de 500 hectares. En Transylvanie, ce maximum est fixé à autant d'arpents. Comme le territoire d'un hectare est, proportionellement à celui d'un hectare, de 1:1.738, et que, en outre, dans l'ancien royaume, le sol est aussi plus fertile, en Transylvanie le territoire de la propriété non expropriable est plus petit dans toutes les trois catégories. La justice serait qu'en Transylvanie le maximum soit fixé par la loi dans le mesure où l'hectare est plus grand que l'arpent.

A) 1. Différence en Transylvanie et en Roumanie du maximum de propriété expropriable.

A) 2. Le maximum peut être réduit même au détriment des petites propriétés, dont l'étendue ne dépasse pas 100 arpents.

D'après le § 8 du chapitre I, est expropriable toute propriété rurale dépassant 30 arpents et toute propriété urbaine dépassant 10 arpents, si, dans les années de 1914 à 1918, elle a été donnée en fermage. Dans le royaume, les propriétés des fonctionnaires publics et des officiers ne sont pas soumises à cette mesure. Il n'en est pas de même en Transylvanie, ce qui est très préjudiciable, surtout pour ceux qui ont perdu leur emploi à cause du régime roumain.

A) 3. Expropriation des propriétés des absents.

Suivant le § 8 de cette loi, sont expropriables, dans toute leur étendue, les propriétés des absents. Aux termes de cette loi, doivent être considérés comme absents tous ceux qui, depuis le 1er décembre 1918 jusqu'à l'entrée en vigueur de cette loi, habitent à l'étranger d'une manière permanente, sans y être obligés en raison d'une mission officielle de la part de l'État.

Depuis cette époque, de mombreux propriétaires transylvains plus ou moins grands furent obligés de partir et n'ont pu revenir pour des raisons indépendantes de leur volonté.

A) 4. Différence du prix d'expropriation en Transylvanie et dans l'ancien royaume de Roumanie.

En Roumanie, le prix d'expropriation est 40 fois plus grand que la moyenne du fermage payé dans la période de 1916 à 1922. En Transylvanie, le prix d'expropriation est le prix marchand pratiqué en 1913. La couronne, toutefois, est prise pour l'égale du leu. Par suite de cette disposition, le propriétaire transylvain se trouve préjudicié d'au moins 100% comparativement aux proprétaires de Roumanie. L'assimilation de la couronne au leu n'est pas un dédommagement, car, en effet, en 1913, la proportion de la couronne au leu était de 95 : 100.

A) 5. Différence d'expropriabilité des propriétés roumaines et hongroises.

Le § 24 du chapitre II et le § 32 du chapitre III de cette loi, qui traitent de l'expropriation des forêts et pâturages communaux de compossessorat, disent que les forêts appartenant au fonds dit de Naszód des descendants du régiment roumain No. II des confins de Naszód sont exemptées de l'expropriation. La propriété des „biens privés du comitat de Csík“, constituant la propriété des descendants du régiment sicule No. I des confins, qui, sous tous les rapports, est de la même origine et a une destination identique à celle des biens précédents, n'est pas exemptée de l'expropriation, simplement parce que, au lieu d'être entre des mains roumaines, ces biens appartiennent à des Hongrois.

A *Békás*, commune roumaine de 7133 habitants, il fut trouvé, au commencement de 1921, 2048 bêtes à cornes, 320 chevaux, 1694 moutons, avec un territoire offrant les pâturages suffisant pour les besoins d'alors. La commission agraire roumaine du comitat de Csík prit, cependant, sur les pâturages des communes hongroises du voisinage, 2303 arpents cadastraux (13.236 hectares), pour les ajouter au territoire en pâturages déjà existant. En conséquence, elle prit à la commune de Gyergyószentmiklós, comptant 8905 habitants hongrois, 2046 arpents cadastraux (1177 hectares) de pâturages et ainsi il ne lui resta que 905 arpents cadastraux (520 hectares) de pâturages pour ses 4358 bêtes à cornes, 326 chevaux et 4839 moutons, soit en tout 9522 têtes de bétail, tandis que les Roumains de Békás, pour leurs bestiaux au nombre de 4062, disposent aujourd'hui de plus de 30,000 (17,264 hectares) de pâturage. (Plainte présentée par les Hongrois du comitat de Csík, en octobre 1921, aux autorités roumaines.)

Ceci se trouve en opposition avec le point 8 du traité de paix, qui oblige l'État roumain à employer les mêmes procédés à l'égard de tous ses ressortissants.

A) 6. Caractère préjudiciable pour les intérêts des Hongrois des mesures relatives à la colonisation.

Suivant le § 15 du chapitre I, dans les contrées à population dense, le maximum de propriété exempté de l'expropriation peut être réduit au-dessous de 50 arpents. En ce cas, le propriétaire recevra une propriété d'égale grandeur dans une autre commune ou dans l'un quelconque des territoires appropriés à la colonisation. Suivant le § 117 du chapitre XV, il doit être tenu compte, dans les colonisations, en premier lieu des habitants du comitat en question, puis de ceux d'autres comitats ou *d'autres provinces*.

Suivant le § 15, le propriétaire de moins de 50 arpents peut aussi être transcolonisé de Transylvanie dans la Dobroudja ou en Bessarabie. Suivant le § 117, il est possible de faire venir, à la place de Hongrois ainsi décolonisés, des Russes de Bessarabie ou des Tartares de la Dobroudja.

A l'aide de ces paragraphes, la carte ethnographique actuelle de la Transylvanie peut être radicalement transformée.

A) 7. Mesures portant préjudice aux anciens colons hongrois.

Suivant le point 10 du chapitre I, est expropriable au-dessus de 7 arpents la propriété de tous les colons qui ont été colonisés dans leur domicile actuel après le 1er janvier 1885. Comme, dans le § 85 de la loi, les 7 arpents fixés, suivant les besoins, pour les ayants-droit peuvent être réduits, également selon les besoins, à 5 arpents, il dépend uniquement des organes exécutifs de laisser aux colons une propriété de 7 arpents ou de la réduire à 5 arpents. Ces colons sont Hongrois et l'étendue des terres qu'ils ont achetées, varient de 12 à 20 arpents.

A) 8. Loi nouvelle contre les colons hongrois.

Comme c'est par amortisation au moyen d'annuités, payables en 40—50 ans, que les colons ont acheté ces propriétés, le droit de propriété n'en était pas encore inscrit à leurs noms, dans de nombreux cas, même après qu'ils avaient achevé de rembourser le prêt amortissable. Plusieurs d'entre eux firent inscrire leur propriété à leur propre nom après le 1er décembre 1918, lorsque fonctionnaient encore les tribunaux hongrois. Par son décret No. VII de février 1919, le Consiliul Dirigent déclara invalides ces inscriptions au registre foncier. Le 4 juillet 1921, le parlement roumain émit une loi supplémentaire, confirmant ce décret et disant que „même si les documents servant de base pour l'inscription sont conformes aux conditions requises par la loi, ces inscriptions au registre foncier, effectuées après le 1er décembre 1918, sont invalides et l'État roumain entre, libre de toute charge, en possession de ces immeubles“.

Par suite de cette loi supplémentaire, l'existence d'environ 20,000 hommes devint problématique, car ils ne peuvent savoir, en effet, à quel moment les autorités roumaines confisqueront leur bien sans aucune indemnité.

A) 9. Absence, dans les forums exécutifs, des représentants des intérêts des propriétaires.

La loi confie l'exécution de l'expropriation à des organismes officiels régulièrement composés et, dans les questions litigieuses, elle remet la décision entre les mains des tribunaux, le forum le plus haut. Ces organismes, toutefois, sont composés de telle manière, que la représentation des propriétaires intéressés y fait complètement défaut. Le propriétaire ne peut se présenter que devant les commissions locales, mais seulement pour transiger et n'a aucun représentant dans la commission, tandis que les représentants des paysans sont membres de la commission.

Les propriétaires auraient été tranquilisés si on eût donné, à la représentation des propriétaires intéressés, place dans les commissions agraires départementales. Dans ces organismes officiels, les délégués de la Société des Agriculteurs de Transylvanie auraient été des représentants de l'impartialité, du savoir et du prestige nécessaires.

A) 10. Les expériences acquises jusqu'ici démontrent le manque d'assurances matérielles et personnelles dans l'impartialité de l'exécution.

Dans la plupart des cas, le propriétaire hongrois se trouve en présence d'ayants-droit roumains et, dans les forums chargés de la décision, ne se trouvent pas de Hongrois. En outre, la plupart des organes exécutifs sont dépourvus du savoir et de l'impartialité nécessaires, ainsi que l'a prouvé l'expérience générale acquise dans les affermages forcés.

Dans les affermages forcés, — dit l'Alliance Hongroise dans le mémoire qu'elle présenta au gouvernement roumain, en été 1921, après la proclamation de la nouvelle loi agraire, — la plupart des injustices proviennent de la partialité, de l'ignorance, de l'indiscipline et souvent de l'arbitraire observés, en de nombreux cas, dans l'exécution.

Cette manière de voir est justifiée par le procès-verbal officiel No. 15/920 R. A., dressé le 12 avril 1921, dans la commune d'*Alparét*, qui donna jusqu'au minimum en affermage forcé les terres des propriétaires hongrois de cette commune, tandis que les propriétés d'Alexandre Vaïda-Voïvode et de son frère, situées dans la même commune, étaient exemptées de l'affermage forcé.

Comme l'expropriation et la remise en toute propriété aux ayants-droit seront exécutés par les organes officiels qui ont exécuté l'affermage forcé, la défiance des Hongrois de Transylvanie à l'égard de l'exécution de la loi, se trouve entièrement justifiée.

B) Roumanisation (nationalisation) forcée de l'industrie et du commerce.

B) 1. Roumanisation et abolition de l'autonomie des Chambres de Commerce et d'Industrie.

a) Le fonctionnement de la Chambre de Commerce et d'Industrie de Kolozsvár ne fut permis par le gouvernement roumain qu'à la condition que soient roumains le président, l'un des vice-présidents et la moitié des membres de la direction. L'autre vice-président et l'autre moitié des membres peuvent appartenir aux minorités. Tel, est le résultat avec lequel se fit l'élection, en présence du préfet *Metes*, en tant que délégué gouvernemental. Or, parmi les membres de cette Chambre, se trouvent 60% de Hongrois, 7% d'Allemands et seulement 23% de Roumains. (Infratirea, numéro du 6 novembre 1921.)

b) Le cas suivant démontre d'une manière éclatante comment les autorités roumaines respectent l'autonomie des Chambre de Commerce et d'Industrie: A *Nagyvárad* le président Jean *Feto*, que le préfet précédent avait mis comme président, fut destitué de sa charge par le préfet Jacob, qui, à sa place, nomma Romulus *Barbo*. *Feto* ne se présenta pas dans le local officiel de la Chambre et ainsi il n'y eut personne de qui Barbo eût pu reprendre les fonctions. Jacob déclara que, en présence de cette résistance passive, il ferait installer par la force armée Barbo comme président. (Numéro du 26 novembre 1921 du Keleti Ujság.)

B) 2. L'autonomie des assurances ouvrières de Transylvanie a été supprimée et leur avoir de 20 millions a été envoyé à Bukarest.

Dans les premiers jours du mois de décembre 1921, le conseil des ministres de Roumanie prononça la dissolution de la caisse centrale de Kolozsvár des assurances ouvrières, le renvoi de ses employés et l'obligation de verser à la caisse centrale de Bukarest son avoir de 20.000,000. Non seulement les ouvriers, mais aussi l'Alliance des Patrons, demanda l'annulation de cet ordre. Trancu-Jasi, ministre des travaux publics, invoquant des raisons politiques, refusa d'acquiescer à cette demande. (Keleti Ujság, 15 déc. 1921. — Patria, 2 déc. 1921.)

B) 3. Roumanisation de l'Académie de Commerce de Kolozsvár.

Cet établissement d'éducation était entretenu par la société des commerçants de Kolozsvár. Sous le prétexte que cet institut touchait de l'État hongrois une certaine subvention, les Roumains en firent une école d'Etat. Les commerçants prouvèrent, avec extrait du registre foncier en mains, que l'édifice leur appartenait. Dans un mémorandum, ils en demandèrent au gouvernement la restitution. Ils ne reçurent pas même de réponse. (Numéro du 3 sept. 1921 de l'Ujság.)

B) 4. Nationalisation des corporations d'artisans.

A l'égard des corporations d'artisans fut employé le même procédé qu'au sujet des Chambres de Commerce et d'Industrie. Elles ne furent tolérées qu'à la condition que leur direction fut organisée de manière à ce que les Roumains et les Hongrois y figurassent en nombre égal. (Consum, 11 déc. 1921.)

B) 5. Les banques, compagnies d'assurances et entreprises commerciales hongroises séparés de leur siége social de Hongrie et nationalisées.

Dans la première quinzaine de mars 1920, le Consilini Dirigent prescrivit que toutes les banques et compagnies d'assurances, dont le siège social se trouve en dehors du territoire roumain, avaient à se faire inscrire à nouveau sur le registre du commerce conformément à la loi commerciale. (Numéro du 20 mars 1920 de l'Ellenzék.)

Dans son numéro 90 du 27 juillet 1921, le Monitorul Oficial publia un décret ministériel interdisant à ces compagnies d'assurances de faire de nouvelles affaires à partir du 3 août. Ce décret obligea toutes les entreprises fondées après le 3 nov. 1918, à demander ultérieurement au gouvernement roumain la permission de fonctionner.

Cette permission était soumise à la condition que, dans leur conseil d'administration, fussent élus des membres de nationalité roumaine et qu'une part de leurs actions soit également cédée au capital roumain. Cette dernière condition put être remplie grâce à l'élévation de leur capital. C'est ainsi que, avec le concours de la Banque de Crédit Roumain de Bukarest, la Banque et Caisse d'épargne de Transylvanie éleva son capital de 6.000.000 à 40.000.000 de lei. Take Jonesco en devint président et, dans le conseil de direction, furent élus Ehrenstein et Kaufman, qui étaient, l'un, directeur-général, et l'autre, sous-directeur-général de la Banque de Crédit Roumain. (Numéro du 14 févr. 1922 de l'Ellenzék.) La première compagnie hongroise d'assurances générales fusionna avec la Compagnie Romana de Nagyszeben de telle sorte que cette dernière éleva, au moyen de la participation roumaine, son capital à 10.000.000 de lei; la nouvelle firme porte le nom de Première Société d'Assurances Générales de Transylvanie. (Szilágyság, 2 déc. 1921. — Szamos, 5 nov. 1921, déclaration de l'agence principale.)

Comme, par suite du décret émis le 20 mars 1920 par le Consiliul Dirigent, les coopératives de crédit et la Hangya durent se séparer de la centrale de Budapest, elles s'organisèrent, le 3 juin 1920, en coopérative centrale. Le 27 août 1921, le parlement de Bukarest vota une loi, d'après laquelle la loi en vigueur dans le royaume pour les coopératives était étendue également à la Transylvanie. L'exécution de cette loi aurait privé de toute indépendance la centrale des coopératives hongroises ainsi que ses succursales. Les coopératives de Roumanie sont simplement des banques rurales administrées pat l'État; les coopératives de Transylvanie sont les organes économiques autonomes de la population rurale. La lutte dure encore. Dans l'intérêt de son indépendance, la centrale des coopératives hongroises adressa un mémorandum au gouvernement roumain. Jusqu'ici, toutefois, n'est encore arrivé aucune réponse décisive. (Keleti Újság, 9 févr. 1922. — Dacia, 5 nov. 1921. — Vointa, 13 janv. 1922.)

B) 6. Essai de fusion avec les coopératives de crédit de Roumanie des coopératives hongroises de crédit et de la coopérative de consommation „Hangya (la Fourmi)".

La loi industrielle de Roumanie dit que: ne peuvent compter sur des subventions et autres faveurs gouvernementales ou officielles que les entreprises industrielles qui occupent plus de 50 ouvriers et employés „roumains". En octobre 1921, une société anomyme fonda, à Kolozsvár, une grande fabrique de cordes. Le conseil municipal lui accorda la permission de se fonder à la condition que l'élément de nationalité roumaine figure pour 55% dans son personnel et dans son conseil de direction. (Numéro du 29 déc. du Keleti Újság.)

B) 7. Préjudices causés à la minorité hongroise par l'application à la Transylvanie de la loi industrielle de Roumanie.

A Marosvásárhely, trois médecins hongrois voulurent, en 1920, ouvrir une maison de santé. Il l'annoncèrent à l'inspecteur de l'hygiène publique, qui ne fut disposé à y consentir, que s'ils prenaient un médecin roumain comme actionnaire et associé.

XII.

Aux termes de l'article 12 du chapitre 1 du Traité du 9 décembre 1919 relatif à la Protection des Minorités, les droits minoritaires mentionnés sont placés sous la garantie de la Société des Nations.

Comment la Roumanie a-t-elle respecté les clauses et les promesses du Traité relatif à la protection des minorités?

I. Observations de la Commission Presbytérienne. Nous relatons les observations faites, sur l'exécution du Traité du 9 décembre 1919 relatif à la Protection des Minorités Nationales, par la Commission envoyée en Transylvanie par l'Alliance Universelle Presbytérienne Calviniste (parues dans le numéro de février 1621 de la revue „The Quarterly Register").

Le gouvernement roumain n'a rien fait jusqu'ici pour s'attirer la loyauté de ses ressortissants hongrois, ni pour prévenir la création d'une „Hungaria Irredenta", menaçant nécessairement la paix de l'Europe du Centre et du Sud-Est.

En considération des points du Traité de paix nous encourageâmes les ministres responsables à prendre, d'une manière magnanime et digne d'hommes d'État, l'initiative de convoquer, sans différence de religion, les dirigeants des Églises hongroises et, à raison des négociations avec eux, de fixer une direction politique basée sur la liberté de la population et sur la confiance en sa loyauté. Nous fûmes en état de les assurer qu'un tel procédé serait accueilli avec joie.

Nous jugeons qu'il est du devoir du gouvernement roumain, aussi bien envers ses ressortissants hongrois que pour sa propre renommée, de réparer la faute qu'il commit dès le début *en exigeant le serment de fidélité au roi de Roumanie*, avant même que la conférence de Paris lui eût effectivement transféré le territoire en question. *En qualité d'honnêtes hommes, les fonctionnaires et professeurs* qui étaient les ressortissants de l'État hongrois, *ne pouvaient pas prêter un serment de ce genre, tant que le transfert du territoire n'avait pas été effectué.* Ils refusèrent de prêter serment et ils n'eurent plus que *l'exil et la ruine pour partage*. Nous avons entendu toutes les circonstances atténuantes émises par les autorités pour se disculper. Nous admettons qu'elles avaient le droit de compter sur la Transylvanie, récompense du service rendu à l'Entente, mais ce sentiment secret ne peut servir d'excuse pour un acte qui, par sa précipitation inconsidérée, a causé, à notre avis, la déplorable situation actuelle.

L'Alliance doit savoir que, pour prévenir la situation actuellement produite, certaines clauses ont été expressément stipulées dans le Traité avec la Roumanie. *Nous devons insister sur le fait que*, ainsi que nous l'avons vu à Bukarest, *ces stipulations n'ont été intentionnellement presque aucunement prises en considération.*

Ces conditions n'ont été alors acceptées qu'avec hésitation. Les hommes d'État responsables les sentent incompatibles avec les droits de la Roumanie. Par là, l'Entente elle-même se trouve dans un cul-de-sac.

Si, à la lumière de nos expériences et de nos études, nous regardons les stipulations et promesses du Traité, nous n'en trouverons guère qui aient été respectées. La garantie assumée à la conférence de Londres par le Dr. Vaïda-Voïvode lorsqu'il était Président du Conseil, n'eut point de résultat.

Une commission de l'Église Unitaire Américaine publia récemment, sous le titre: „La Transylvanie sous le régime roumain", un rapport qui n'est autre *qu'un réquisitoire* détaillé sur une étude de trois mois des conditions existantes. Au nom du conseil de *l'Alliance Américaine des Églises du Christ*, une députation visita également le pays et publia un rapport. Nous sommes en mesure de compléter, au point de vue calviniste, leur témoignage. Il est vrai que, dans un cas ou deux, nous avons adouci le sort des persécutés ou avons obtenu leur élargissement. Le gouvernement promit, en outre, de punir ceux dont, *à l'aide de notre concours*, la culpabilité pourrait être prouvée. *Prêter la main à cet acte n'est point, toutefois, notre affaire.*

Nous avons acquis, en général, la certitude des cruautés, mais il n'en est venu, en réalité, qu'une partie à notre connaissance. Ce qui est nécessaire, c'est la sévérité de la part du gouvernement roumain dans l'enquête des violations et des injustices véritables et dans le rappel à l'ordre de ses subordonnés coupables. *Nous voudrions beaucoup de nouveau les convaincre, ainsi que les Puissances, de la nécessité absolue de l'intervention étrangère. Si elle ne vient pas de Bukarest, il faut qu'elle vienne de Genève*, quoique notre bon vouloir pour la Roumanie nous porte à déplorer cette deuxième alternative.

2. Déclaration de Sir W. Dickinson.

Lors de son voyage en Roumanie, en été 1921, Sir W. Dickinson, vice-président de l'Union de la Société des Nations, tint les propos suivants dans une déclaration qu'il fit à Bukarest:

Les peuples sont souverains, mais leur souveraineté est circonscrite par les devoirs auxquels ils doivent répondre. Du moment qu'il a été proclamé que les États en question accordent aux minorités des droits égaux à ceux de la majorité, ils ne peuvent plus, au nom de la souveraineté, mettre en question le contrôle au sujet de ceux pour lesquels ils se sont engagés. Ils doivent se soumettre avec entière bonne foi. Dans les Traités de paix si élastiques, il ne peut leur être permis de ne pas respecter le minimum des obligations assumées dans le Traité. Que les États successeurs n'oublient point qu'ils ont obtenu leurs frontières politiques actuelles et que même il y en a qui sont nés uniquement parce qu'ils se sont ralliés aux dispositions du Traité de paix relatives à la Protection des Minorités. Si ces États avaient refusé ces conditions, aujourd'hui il n'existeraient pas ou auraient de tout autres frontières. (Numéro du 31 juillet 1921 du journal Szabadság.)

TABLE DES MATIÈRES.

Griefs de la minorité hongroise de Roumanie.

I. Griefs sur le terrain ecclésiastique:

II. Griefs sur le terrain des écoles confessionelles:

III. Comment la Roumanie a accordé aux Sicules de Transylvanie l'autonomie ecclésiastique et scolaire :

IV. Droit des minorités de faire usage de leur langue :

V. *A)* Roumanisation des écoles supérieures hongroises :

B) Mutilation et destruction des anciens et nouveaux monuments d'art historiques, statues, inscriptions, etc. hongrois :

VI. Confiscation des institutions de culture sociale, ou suspension de leur fonctionnement :

VII. Escamotage des droits politiques de la minorité hongroise :

VIII. Proscription des fonctionnaires hongrois. Roumanisation forcée des villes. Expatriation de la population hongroise :

IX. Procès politiques et atrocités:

X. Différence entre les droits des citoyens des différentes nationalités introduite sur le terrain industriel et commercial:

XI. *A)* Mesures préjudiciables de la loi foncière:

B) Roumanisation (nationalisation) forcée de l'industrie et du commerce:

XII. Comment la Roumanie a-t-elle respecté les clauses et les promesses du Traité relatif à la protection des minorités?

Imprimer e Victor Hornyánszky.

www.ingramcontent.com/pod-product-compliance
Lightning Source LLC
LaVergne TN
LVHW052031060726
842528LV00002B/708

* 9 7 8 2 3 2 9 2 4 4 2 2 8 *